休闲娱乐：和谐社区生活知识

白小飞 编著

经济科学出版社

图书在版编目（CIP）数据

休闲娱乐：和谐社区生活知识／白小飞编著．—北京：经济科学出版社，2013.3
ISBN 978-7-5141-2937-3

Ⅰ.①休… Ⅱ.①白… Ⅲ.①社区-群众文化-休闲娱乐-基本知识-中国 Ⅳ.①G241.3

中国版本图书馆 CIP 数据核字（2013）第 013158 号

责任编辑：张　力
责任印制：王世伟

休闲娱乐：和谐社区生活知识

白小飞　编著

经济科学出版社出版、发行　新华书店经销
社址：北京市海淀区阜成路甲 28 号　邮编：100142
总编部电话：88191217　发行部电话：88191537
网址：www.esp.com.cn
电子邮件：esp@esp.com.cn
香河县宏润印刷有限公司印装
710×1000　16 开　10 印张　150000 字
2013 年 5 月第 1 版　2013 年 5 月第 1 次印刷
ISBN 978-7-5141-2937-3　定价：25.00 元
（图书出现印装问题，本社负责调换。电话：88191657）
（版权所有　翻印必究）

前 言

所谓社会主义和谐社会,应该是民主法治、公平正义、诚信友爱、充满活力、安定有序、人与自然和谐相处的社会。而社区是社会的细胞,社区和谐是社会和谐的重要组成部分。

社会主义和谐社会的重要根基是以人为本,决定了和谐社区是和谐社会的基础;社会主义和谐社会是一个宽泛的理念,决定了和谐社区要为之注入实质的内容;城市最大的社会群体在社区,决定了和谐社区是构建社会主义和谐社会的突破口;城市社区是基层民主政治建设的主渠道,决定了和谐社会民主政治建设的不断完善源自于和谐社区建设。

那么和谐社区该如何建设呢?有专家分析认为:"幸福、安全、人性的发展、拥有平等的权利"是和谐社区追求的四大目标,也是组成和谐社区的主要因素。只有达到这四大目标,和谐社区的构建才不仅仅只是一句口号。近些年,虽然房地产业发展得如火如荼,但随着人们逐渐从四合院搬进了高档小区,原来的那种邻里间的温情和亲密的关系反而越来越淡。

与此同时,小区的安全防护问题、人们日常生活中的各种侵权伤害事件、因各种原因产生的心理问题、工作生活中的社会交际问题等也困扰着每个社区居民,使原本孤单的心灵更加疲惫不堪。同时,这些问题也阻碍了和谐社会的构建。

这套书就是针对上述情况而产生的,本套书从心理、社交、安全防范、法律自卫等方面入手,包括了社区人们日常工作生活中的方方面面问题,从实际入手,为读者提供切实可行的有效方法,帮助读者渡过生活中的一个个难关,并为社会主义和谐社区的构建做出应有的一份贡献。

愿此书能真正成为您生活中的好帮手、好伙伴,愿您的生活能因此变得更加轻松惬意!

作 者

目录

1	唱歌		
6	跳舞		
18	打扑克		
22	打麻将	54	绘画
24	打桥牌	82	养狗
26	下跳棋	86	养猫
27	下围棋	90	养鱼
30	下中国象棋	102	养鸟
32	下国际象棋	110	养花
35	集邮	121	散步
38	钱币收藏	122	跑步
43	书画收藏	125	球类运动
48	书法	151	健身器械

153 **参考书目**

唱歌

"放声歌唱吧！不要怕唱得不中听，坚持不去，必能健康长寿。"这是美国医学家麦克密克教授向人们发出的关于休闲中唱歌的号召。麦克密克教授曾比较了20名30~65岁的职业歌唱家与普通同龄人的心肺功能，结果发现，尽管这些歌唱家从未从事体育锻炼，但其与呼吸系统有关的肌肉，其中包括胸肌、肋间肌、膈肌和心肌都较常人发达。

麦克密克认为，歌唱时胸廓有节律地扩大或缩小，血液循环加快，这便强化了呼吸肌与心肌的功能。因此，职业歌唱家的寿命比一般从事脑力劳动者的寿命要长15~20年。其原因是歌唱时，大量氧气进入体内，使体内代谢过程加快。此时，人体易于获得更多的营养和及时排出体内的二氧化碳，这便有效地延缓了心、肺等内脏器官的衰老，从而达到延年益寿的目的。

歌曲是声乐曲中的一种（声乐曲简单地说就是用人的嗓子唱，其中包括戏曲和说唱等），歌曲有词有曲，一般来说，人们在欣赏歌曲时对词所表达的内容是不难理解的，通过词的内容再欣赏曲的表达就较容易了。但是，欣赏歌曲同欣赏诗歌不同，只了解词的内容或是由词去了解曲也不够，重要的是要理解曲是如何表达词的内容和二者是如何完美结合的，这才能真正欣赏到歌曲所要表达的完美内容。也只有这样，才能在休闲生活中，通过欣赏或演唱歌曲，来充分抒发自己的感情。只有运用歌曲将自己的感情充分抒发出来，才能真正达到愉性悦情的目的，也才能真正使自己的情绪放松，达到有益身心健康的目的。歌曲的健身作用除了如麦克密克教授所指出的那些生理因素外，心理因素也是非常重要的。对于歌曲曲调作用的了解，是歌曲休闲的重要内容。

歌曲曲调的表现方法包括了音乐中的一切因素，如旋律、节奏、速度、强弱、音调、音色等。这些因素在表现歌词内容的思想和情感时起着重要作用，尤其是旋律和节奏。一般来说，旋律是指高低不同的一群音有组织的连续。而节奏，则是交互起来的音的长短和强弱的种种形式。例如短音与短音的组合，给人以兴奋和热烈的效果；长音与长音的结合，给人以威严或肃穆的效果；长音与短音的组合，给人以平和愉快的效果等。同样，乐音强弱的配合，也会产生同乐音长短结合时产生的种种不同的节奏和旋律，强拍和弱拍的种种不同配合，也会产生种种不同的效果。此外，曲调中的速度、音调、音色等也对感情的表现有着密切的影响。曲调中的速度一般来说是指每分钟多少拍节。如慢速是每分钟52～58拍；快速是每分钟108～118拍等。音调是规定整首歌曲调子高低的，演唱歌曲时，调子定得正确不正确，关系着歌曲的演唱情绪，定得太高了，高音唱不上去，定得太低了，低音唱不下来。最好的方法是先找出全曲中的最高音与最低音，试唱一下，看是否都能自然地唱出来，如果能自然地唱出，就是比较适当的音调了。

以上所说仅仅是歌曲曲调的一般常识，懂得了这些还是不够的，要想正确欣赏和演唱歌曲，除了多听多练外，还需再找些有关书籍看一看，请教一下专家或歌曲演唱比较有经验的人。不同的歌谱成不同的曲调，不同的曲调有不同的节奏和旋律及演唱要求。演唱者一定要根据每一首歌曲的旋律，按照曲调所表达的要求进行演唱。

除了懂得曲调的节奏，会跟节奏外，在欣赏和演唱中还要注意发声、咬字、吐字、处理歌曲及演唱技巧等，只有这样才能做到真正会欣赏、会演唱。在此基础上，再仔细体味歌词的意境、曲谱的音乐形象，做到不仅言传，而且意会，就会在欣赏和演唱歌曲时以情传声，以情感人，声情并茂，以准确丰富地表达自己内在的独特感情，达到休闲放松的目的，使歌唱真正成为一种舒心抒臆的休闲方式。

歌唱艺术按照演唱的方法不同，可以分为三种，这也是在休闲生活中以歌唱为休闲方式所应掌握的基本常识。这三种演唱方法分别是：

美声唱法，也称意大利唱法，因为这种唱法是17世纪产生于意大利的一种演唱风格。美声唱法讲究真假声结合，强调气息的控制和共鸣的运用。偏重于"声"。其特点是音色优美，发音自如，音与音之间的连接平滑、匀净，花腔装饰，乐句流丽、灵活。这种唱法在世界声乐发展中有很大影响。

民族唱法，也称为民族民间唱法，是指我国传统的民族声乐演唱方法。以真声为主，结合一些假声，注重声情并茂，以情带声，讲究"字正、腔圆"，以字带声。这种演唱方法以唱民歌或民歌风味的歌曲为主，深受广大群众的喜爱。

通俗唱法，也称为流行唱法。这种唱法利用自然嗓音，即完全用真声，接近生活，擅长抒发个人内心的思想感情。通俗唱法在演唱中也加进轻声、气声以及颤音、滑音等装饰性技法，以增强演唱的表现力。其总的特点是讲究"直、平、白"，偏重于情。

演唱方法如何适用，并不仅仅是主观选择的问题，也决定于歌曲本身的特点和风格。因此在演唱歌曲时不能企图削足适履地仅从主观上决定用何种演唱方法，还要看所演唱的歌曲是否适应某种演唱方法，方法应当服从于演唱效果而灵活掌握。

卡拉OK

卡拉OK是近年来最流行的歌曲伴唱形式。卡拉OK的特殊魅力给人们创造了一个更随意也更优雅的自娱自乐的歌曲休闲方式。

"卡拉OK"是"KARAOK"一词的中文习惯译法，"卡拉"是日文的译音，拉丁化写成"KARA"，只取其音，由音而通义。"卡拉（KARA）"，在日文中是"空"，是指"空场"，或"空无一人的场所"。因此，"卡拉（KARA）"原意是没有。"OK"原来是"ORCHESTRA（管弦乐队）"的简写。两个词合起来是说没有乐队，或者是没有乐队伴奏。当初日本职工在工余后，闷得发慌，便上小酒店喝两杯，酒入愁肠，便拉腔直唱，不管有没有音乐伴奏。这种形式由简单到复杂，后来无人伴奏（指机器伴奏）便跟着发明制造出来了，而且现在还有影像设备。这样从"无（空）"到"有"，卡拉OK也就在日本流行起来。现在一般来说卡拉OK是指音响设备，即无人伴奏，而是机器伴奏。这种形式使男女老幼不论音乐素养如何，都能在不同程度上达到尽兴的歌曲娱乐目的，颇受欢迎。

歌曲是人们抒发胸臆，表达感情最淋漓尽致的一种休闲方式。人们无论是处于何种情绪之中，或喜或悲或哀或乐，都有一种要表达出来的欲望，而通过歌曲来寄托表达自己所处的感情状态，是感觉最畅快的一种形式。然而要真正能在大庭广众之中或是在一定人员参与的场合用歌曲来表达自己的内心感情世界，除了感情、情绪是内心所激发和滋生出来的之外，还要有一定的歌唱素质和技能技巧，这是不同于独自一人用"哼歌曲"的形式表达的。换句话说，在众人面前唱歌除了是自己感情的抒发外，别人也要能够欣赏到或体验到歌唱者所能表达的感情的客观情况，而自己一人独自哼唱则只是供自己感情抒发的需要，唱好唱不好，水平如何都是次要的，只要能把自己的感情抒发出来就可以。但是在众人或哪怕只有几个人的场合下唱歌，就不能仅仅是孤芳自赏了，而是要能使在场者达到认同。而卡拉OK机的出现，则弥补了这种不足，由此引起了人们的极大兴致。因为在卡拉OK机的伴唱下，可以为歌唱者定调，不致过高或过低，使演唱者的歌曲演唱达到自己水平的最佳境界。同时，在卡拉OK机的伴唱下还可以使演唱者唱得更准，有不准的地方随时帮你纠正过来，换句话说是带着你唱或是帮着你唱。因此，卡拉OK机不仅仅是伴唱，而是帮唱、助唱。卡拉OK机在某种程度上有帮助歌曲演唱者展示歌曲才华的功能，使越来越多的人跃跃欲试，以图借以抒发胸臆，愉悦心情，得到一种更好的休闲享受。

在运用卡拉OK机进行歌曲休闲时也需掌握或注意以下几点：

要有一个事先熟悉、把握所唱歌曲的练唱阶段。要熟悉歌词，唱会曲调，并将二者很好地结合起来，在此基础上通过反复唱，反复纠正不足来充分把握歌曲的思想内容和表达形式。

如果是初次演唱者，对歌曲的前奏、间奏、过门等要有个熟练过程。避免出现由于不熟悉伴唱，而不能及时入唱，出现抢拍或是跟不上节拍等情况。如果自己家里有卡拉OK机，要将音量放小些，以便能准确地独立演唱。

正式在公开场合演唱时，要特别注意稳定自己的情绪，从而更好地控制节奏，发挥技巧。演唱时还要注意使用好话筒，话筒的正确使用十分关键。一般来说，要根据歌曲温柔、轻快、奔放、激越等不同需要来处理话筒离嘴唇的距离，这要靠经常演唱才能准确把握其中的分寸。

卡拉OK机为歌曲休闲者提供了一个现代化的方便展示歌喉的机遇，为人们抒发感情、更好地自娱自乐提供了可能和条件，使休闲这块园地越发丰富多彩。

人们在享受卡拉OK的同时,又被一种新的歌曲传播方式所吸引,这就是"MTV"。"MTV"为歌曲欣赏开辟了广阔而新颖的领域,人们通过"MTV"既能欣赏到歌曲的优美旋律,又能看到结合歌曲内容所编排的画面形象,两者紧密配合,进一步渲染和深化了歌曲的主题。

MTV是音乐电视的英文名称,它是指国外专业的流行音乐电视频道。MTV的确有自己的优势:画面感、可视性及浅显的故事性,便于阐释主题;投资小、周期短、见效快、收效大,使很多人趋之若鹜。经过MTV,使原有歌曲焕然一新,电视画面和歌曲的巧妙结合,满足了听众的需要。

音乐电视是音乐和电视画面的完美结合,它既能保证画面的艺术性,又能使画面的内容和歌曲有一定的内在联系,完美的结合和表现,为人们欣赏和演唱歌曲创造了更迷人的形式和条件,也为音乐和电视的结合创造了一种比较理想的形式。

CD 和 VCD

CD是激光唱片的俗称,其英文名称是COMPACT DISC,缩写为CD,是一种高科技新媒体录音制品。其优点是音色纯正,噪声极微,储存量大,检索方便,永无磨损,可以保存100年之久。正是由于其独特的优势,使1990年的世界音像市场出现了具有历史意义的结构性变化,打破了长期占据霸主地位的盒式磁带的一统天下。

激光唱片外形美观,圆圆的,薄薄的,轻盈盈,亮晶晶,放在光亮处,顿时就会映射出一缕缕七色之光,色彩斑斓的光晕,像是雨后的彩虹一样迷人。光晕下面是一道道均匀而细密的螺纹,正是这些细密的螺纹,高密度地储存了令人陶醉的音乐之声。把光盘放在激光唱机的"抽屉"中,轻轻地揿动数字开关,两旁的音箱中就会放出没有任何杂质天籁妙韵般纯净的音乐之声。目前,激光唱片已走进普通老百姓家庭,成为人们休闲生活中的一项文艺消费的内容。

VCD的外形像CD一样,是一种影音光碟,是由荷兰飞利浦公司和日本索尼、松下、JVC所共同推广的高科技音像制品。VCD的直径只有12厘米,可以储存74分钟的图像和声音。VCD的功能和原理与激光影碟（LD）一样，都是利用光学原理读取信息，将声音和图像的信息同时储存，然后再通过 VCD 解读器将信息解读出来，通过普通电视机播出。

VCD 带给人的音影享受超越了过去的老式唱片、磁带，又因其容量大而胜过了普通激光视盘，格外引人喜爱。其优势还在于不易变形变声，很少受外界的温度、湿度、时间推移因素等影响。VCD 的出现极大地丰富了人们的休闲生活内容，各种题材日日推新，以其纷繁多样的主题和形式令越来越多的歌迷爱不释手。

CD 和 VCD 的出现，无疑为广大歌迷和普通老百姓的休闲生活内容创造了更为丰富多彩的音乐欣赏和演唱条件，开辟了更广阔的音乐休闲娱乐空间。

跳舞

随着人们健身、休闲娱乐和社会活动交往的需要，舞蹈已成为颇为流行的主要休闲方式之一。

舞蹈是一门表演艺术，它能较充分地表达人们的思想感情，健身悦性，增进友谊，提高艺术修养和美感。舞蹈同时也是一门观赏艺术，优美的舞蹈语汇所表达出的艺术价值是其他艺术所不能取代的，它反映社会生活的艺术方式是非常独特的。

舞蹈是人类历史上最古老的艺术形式之一，它的历史可以上溯到数千年前。据考古研究发现，在青海出土的距今 5000 多年的彩陶盆上，就有 5 人挽手而舞的花纹，这是目前发现的最早的舞蹈形象。我国唐朝已是舞蹈发展的鼎盛时期，其代表性的舞蹈作品《霓裳羽衣舞》可称得上是举世杰作。

舞蹈通常分为艺术舞蹈（也有称表演性舞蹈）和生活舞蹈（也有称自娱性舞蹈）两大类，其实这种分类方式是相对的，二者间并没有严格的界限。休闲方式的舞蹈当然是以不受过多的严格艺术限制的生活舞蹈为主，同时也包括欣赏那些艺术舞蹈（从而获得陶情悦性的效果），但是相对来说，将舞蹈分为艺术舞蹈和生活舞蹈还是有其一定作用的。

一般来说，艺术舞蹈是由专业或业余舞蹈工作者在体验生活的基础上，进行艺术构思而创造编导出来的，它不要求人人跳，而仅是由少数人跳给大多数人看。这种舞蹈再进一步从不同方面可分成以下几种：从表现特征看，可分为抒情舞蹈、叙事舞蹈和戏剧舞蹈（或称舞剧）。从表现形式上分，可分为独舞、双人舞、三人舞、集体舞及组舞等。从表现风格方面来说，可分为古典舞蹈、民间舞蹈、现代舞蹈。艺术舞蹈以提炼、组织和美化的人体动作姿态为舞蹈语汇，反映生活和表达情感，具有较强的观赏性和浓郁的感染力。人们在紧张的学习、工作、研究之余将观赏舞蹈作为一种休闲方式，尽情享受舞蹈中的音韵形意，是较高的一种生活情趣。

生活舞蹈一般来说是指与人们生活、交往密切相关，人人都可参与的群众性自娱舞蹈。如交谊舞、健身舞等，再如深受青少年喜爱的太空舞等。生活舞蹈具有广泛的社会性、群众性，具有独特的娱乐和社交功能。因此，当今人们选择跳舞作为新潮化的休闲方式是有其自然之理的。正因为如此，在市场经济条件下，舞厅在各地广泛兴起，就是为了适应人们当前这种极为新潮的消费需要。

与此同时，人们在休闲中也将秧歌舞作为更普遍的舞蹈品种，就更反映了舞蹈在休闲中的广泛群众基础。

现代家庭消费中，跳舞是颇受人喜爱的社交方式。另外，对舞会上的一些必要礼仪应有所了解。在服饰上，男女都要注意衣着整洁、大方，男士要打扮得英俊、潇洒，女士要打扮得温柔、漂亮，这样方可充分表达舞步的美感。男青年还要注意修面，不修边幅、留着小胡子往往会使女士反感。跳舞要注意男女舞伴的舞距，双方不可贴得太近，也不能相距太远，一般上下直立，间距一拳。舞姿要优美，随曲而舞，舞步适中，切忌大起大伏。跳舞前不要吃带有刺激味的食物，如大蒜、臭豆腐等。跳舞中语言要美，恰当处理不协调的情况，假如踩了别人的脚，一定要说对不起，另一方也不必计较，切不可因为小事而闹得不愉快，失去应有的风度。如果是不相识的舞伴，不要追问对方姓名、年龄、工作单位、家庭住址等隐私，这样很不礼貌。男士应主动邀请舞伴，打好手势，说"请您跳舞"，如果女士说不会跳或刚跳累了，休息一下，就不要再勉强。休息中，男士要给自己的舞伴主动买些饮料、口香糖、瓜子等，以示谢意。休闲中到舞厅跳舞主要是锻炼身体和舒散情绪，尽量要放松，不要有拘束感或是失态相，否则会达不到应有目的。

交谊舞

交谊舞也称为交际舞，是一种"社交舞蹈"。交谊舞起源于欧洲，是在民间舞蹈基础上发展起来的。目前，交谊舞已成为一种国际性交谊语言。交谊舞具有娱乐、交际、运动锻炼三重功能。

学习交谊舞，先要学好基本动作，然后再掌握装饰性和衔接性舞步。在繁多的舞步中，三步、四步是最基本的，其中又有快步、慢步、中慢步。先要把三步、四步两种舞步学会，其他舞步也就不难掌握了。

音乐是舞蹈的灵魂，舞步必须合乎音乐的节奏才能使舞者整个身心在节奏变化的韵律中得到真正美的享受。一般来说，交谊舞中的节拍有2/4、3/4等拍节。

常用的步法虽有多种，但都是顺乎自然的，像平时走路一样，心情和肌肉都不必紧张。舞步比平常走路要慢一些，脚保持与地面接触即可。进行的路线是沿舞厅做圆形逆时针方向引行。

舞伴略偏向对立，两腿并拢，肩背平直，全身放松，男左臂向左侧举起，肘部弯曲前倾，女伴右臂向右侧举起与男伴左手轻握。男伴右臂下垂，五指并拢，松弛自然地围在女伴腰部；女伴左臂放在男伴右肩，自然弯曲，胸与胸距离一拳左右。

起舞时，一般男先开左脚，女开右脚。进行中，要轻松自然。女伴左手不要用劲抓、压男伴右肩，或把全身重量移到男伴肩上，男伴上身要保持正常姿态，不要前倾。男伴右手随时给女伴以提示：前进步，左手放松；后退时，右手后侧推。转弯时，两人身体向转的方向倾斜。

在进行中，男伴居于主动，女伴被动，在男伴未动前，女伴不要主动运步，以免步调不一。身体要保持自然正直，眼正视前方，不要看脚和天花板。身体不要摇动，合握双手不要上下乱动。进行时，男伴遇到对面有阻碍时，右手指可轻按一下女伴腰部，女伴遇到对面有阻，左手轻按男伴右肩一下，以免和别人相撞。

跳交谊舞是一种积极的休闲方式，可以消除疲劳，陶冶情操，增添欢乐气氛。交谊舞还可以活动筋骨，增强心肺功能，调节新陈代谢，平衡人体节律和安神醒脑等。

四步舞

四步舞：一般是三拍四步为一组，前两拍每拍一步，后一拍迈两步，合成四步。第一步是男左女右。四步舞分为慢、中、快三种。慢步平稳、缓慢；快步灵巧、轻快；中步节奏流畅。

准备步：男女伴对立，双脚并拢，双方脚尖相距半脚（各种步法准备步都一样）。

正前步：第一拍，男伴左脚向正前方迈一步，女伴右脚相应向正后方退一步；第二拍，男右脚前迈一步，女左脚后退一步；第三拍，男左脚前迈半步，右脚跟上和左脚并步，女相随而退。

正后步：男退女进，与正前步反向同法。

左侧步：男左脚向左侧45°前方迈第一步，右脚跟着向前迈第二步，落地后向右45°，同时第三、四步向左侧方并步，女随男步侧退并步。男向左侧后方退第一步，右脚接着退第二步，落地后向左45°，同时第三、四步向左侧方并步，女方随进。

右侧步：男向右侧前方迈第一步，接着向前迈第二步，第三步继续向右前方落步，同时即向左转身45°，第四步跟上并步。女方随着退。男向右方后侧退第一步，第二步继续退，第三、四步向左转身并步。女方随进。以上步法慢、中、快通用。

右转步：男向正前方迈第一步；第二步向正前方迈落前掌后，即向右转体180°（转体时，后腿自然离地，不要高抬）；第三步在正后方迈落前掌后，乘势再向右转体90°；第四步并步时再顺转90°（第三、四步也可不转），女方随转。男方向正后方退一步落地即向右转身180°；第二步向正前方迈出落地后接着右转180°；第三、四步原地并步，女方随转。

左转步：男第一步向正前方落步后向左转180°，接着第二步（右脚）在正后方落地后再向左转180°（达不到也可少转或不转）第三、四步原地并步，女方随转。这个转步也可用于后退。男向正后方退第一步，第二步继续后退落地左转180°，第三步上步左转90°，第四步并步时再向左转90°（第三、四步也可不转，原地并步），女方随转。

跳交谊舞时，双腿要直而不僵，落脚时先落脚后跟，移步用脚掌，快四步不用前掌移步，身体可稍有起伏。

三步舞

三步舞分快、中、慢三种步法。快三步以旋转步为主，中可穿插一些交叉步或简单的进步、退步、侧身并行步。

旋转步：旋转步一般由两组舞步组成，因为每一组舞步只旋转180°，两组才能达到360°。当然根据变化需要，也可只做一组。步法：男左脚向正前方迈第一步的同时向左转180°，第二、三步在原地轻踩（此为一组）；接着是第二组的第一步（右脚）向正后方迈落的同时，再顺势继续向右转180°，然后再原地轻踩两步，女方相应随同。按此步法，只需把脚步和方向相反，便可向右旋转。三步舞也可男退女进。适宜于快、中步，不适宜慢步。

交叉步：男左脚先向右前方或右后方迈出一大步，随后在它落步的原地轻踩第二、三步，接着右脚再向左前方或左后方迈出一大步，随后也是原地轻踩两步，以此轮复变化。此步法对慢、中、快步均可采用，但快三步可三拍迈一步（不踩第二、三步）每步做一交叉。

进退步：即正前引进步或正后退步。每三拍迈三步，即一大步，两小步（原地）自由进退，偶尔也可左右摇摆，如一组向左，一组向右，往复一次或数次。此步法也适于慢、中、快三步，用于快步时，每三拍只迈一步或两步（第二步要在第一步旁踩虚，以便再做下一组的第一步迈出），此外，在旋转步开始前，男方应先以这种步法后退一至两步。

在跳三步舞时，应踮起脚尖，保持脚步的灵活性，使步变敏捷，旋转顺溜，同时，根据三步舞的节奏性质，膝部还需要柔韧的起伏，使步法轻快。具体跳法是：第一步前伸（或后退）时，支撑腰要稍屈，待前脚落地后，支撑腰即伸直，形成"起"。第二步轻踩，仍保持"起"，第三步落地后弯膝，同时下一组的第一步经擦地向前或向后伸去，形成"伏"。

探戈

探戈源于欧美，以对比鲜明的节奏，灵活多变的舞步，呈现出千变万化的优美姿势，堪称交谊舞中的高难舞步。

探戈是四步舞中的一种，慢慢快快为节拍，男脚步为左右左右、左右左右；女脚步为右左右左、右左右左。除此外还有其他四步。

男左脚向左后侧退一步（慢），右脚向前进一步（慢），左脚向右前方进一步，右脚再向右横一小步（快、快）；女右脚向右前侧跨一步（慢），左脚往后退一步（慢）；右脚向左后侧退一步，左脚再向左横一小步（快、快）。

男左脚向后退一步（慢），右脚向前进一步（慢），左脚前进一步，右脚再向右前方跨一步（快、快）；左脚向前进一步（慢）；右脚后退一步（慢），左脚后退一步，右脚再后退一步（快、快）；女方右脚前进一步（慢），左脚后退一步（慢），右脚后退一步，左脚再向左右方退一步（快、快）；右脚后退一步（慢），左脚前进一步（慢），右脚前进一步，左脚再前进一步（快、快）。

其他四步的舞步节拍为：慢、快、快、慢，但要注意男女舞伴需站成并列舞步。

交叉步：男方第一步向右侧方退步，落地后即右转90°第二步又转向左后侧方退步，落地后即左转90°，第三、四步再转向右后侧方连续后退两步，这样连续的曲线变化，使步法路线成了"之"字形，女方随步。交叉步的变化很多，它既可向后做，也可向前做，还可前后交替变化着做。在步法变化时，当脚落地后，另一脚应随即稍离地面抬起，以保持步法的连贯性。同时，由于交叉步双脚转侧幅度较大，会带动上身的转动，要注意上身转动幅度不宜太大，要保持平稳。

并行步：男方向右后侧后退第一步，第二步原地不动；女方的第一步向左前方迈落后即右转90°，接着向右前方迈出第二步（以上两步与"交叉步"相同），与男方的右脚并行，形成与男方侧身相对，双方接着向男左前、女右前方各迈进第三、四步，以下一组舞步，仍可保持并行步伐，继续前迈或后退。

伦巴

伦巴舞姿基本要求是：男女舞伴双臂曲肘（曲肘约90°），双手上立而握，小臂靠近，男女相距45厘米；男女舞伴双手相拉，女子的手心向下，男子的手心向上。同时，双手应随脚步晃小圈，每两个快步晃一圈，一个慢步晃一圈，向左方向的舞步，双手同时晃两个逆时针方向的圈，向右边方向的舞步，则晃顺时针方向的圈。

横踏步：舞步分为两种，一是男女舞伴相对而立。男左脚向左旁横踏一步；右脚向左脚并踏一步，左脚向左旁横踏一步，右脚稍拖向左脚，身体重心在左脚上，右脚先向右旁横踏，动作如前，方向相反；女右脚向右旁横踏一步，左脚向右脚并踏一步，右脚向右旁横踏一步，左脚稍拖向右脚，重心在右脚上，左脚先向左旁横踏，动作如前，方向相反。二是男左脚向左横踏一步，右脚越过左脚前方踏在左侧，左脚向左横踏一步，右脚向左脚旁虚点。然后向相反的方向重复以上动作。

转身步：男左脚向左踏一步，同时转向左方，右脚往前踏一步，左脚向前跨步，往右后转180°，同时放开右手，右脚向左脚并点，再如前方向相反的做动作；女右脚向右踏一步，同时转向右方，左脚向前踏一步，右脚向前踏步的同时左后转180°，放开左手，左脚向右脚并点，再如前相反的方向做动作。

方形步：男左脚向左旁横踏一步，右脚向左脚并踏一步，左脚向前踏一步，右脚稍拖地向左脚靠近；连续做时，右脚先向右旁横踏。左脚向右脚并踏。再做时右脚往后退一步，动作与上相反。女右脚向左横踏，左脚向右脚横并一步，右脚往后退一步，左拖向右脚，连续做时，左脚向右脚横踏一步，右脚向左脚并踏一步，左脚向前进一步，舞步可连续重复或走成"弓"字形舞步。

在方形舞步中，快步一律向旁横踏，慢步一律是纵向的进或退踏。

圆圈连步：男舞伴左手拉女伴右手举起，女伴用快快慢快快慢的基本舞步，往前向右拐走一个圆圈，男伴做横踏步或方形步。男向左转圆圈走步时，女伴做横踏，或者做方形步，但是手不变。

左、右转圈步：主要靠两个快步转，左转往左横踏，同时左转半圈，右脚越过左脚向右横踏，继续左转半圈，左脚向左横踏，右脚虚点于左脚旁，已转完一圈朝原方向；右转圈步动作与上述相同，但方向相反。

弧线步：左脚向左横跨一步，右脚向左脚并踏一并，左脚向左横跨一步，稍出左胯。重心移到左脚上，右腿膝盖稍提起靠近左腿，右腿膝盖部由左向右斜下方划弧线，左脚跟离地，然后的动作与上述动作相同，只是方向相反。在跳此步时，男女正面相对，成握抱姿态。

伸腿步：男女正面相对，成握抱舞姿。左腿向前方踏小步，重心移到左脚上，稍出左胯，同时右膝稍往前靠；右腿屈膝近左腿，并稍向上提膝，重心移到左脚上。右脚向右侧方（稍偏后）伸出，脚前掌点地，稍提右胯，重心在左脚上；右腿膝部提起，脚掌离地，膝部向左脚靠，重心仍在左脚上。然后的动作与前相同，左右相反。

迪斯科

迪斯科的由来相当富有传奇色彩和情趣。灌制舞曲的圆盘叫"DISE"，而在第二次世界大战时，德军占领巴黎期间，一些反纳粹的年轻人就在秘密状态下演奏美国爵士乐或是播放美国爵士乐唱盘（当时的巴黎对一切美国的东西都采取禁止政策），自由自在地喝酒跳舞，以消除或缓解被占领带来的烦恼。这种在随意的音乐下最初跳出的是吉鲁巴舞，也就是最早的迪斯科舞。

后来，美国人沿用了这一名称，发展起了风靡全球的迪斯科舞。

严格地说，迪斯科也是配对跳的拉丁舞蹈。因为20世纪60年代，纽约和洛杉矶有很多拉丁美洲的移民，因此所选用的音乐大都具有拉丁色彩。

20世纪70年代，迪斯科在美国兴起。人们把这种舞蹈命名为"DISCO"，是唱片舞会的意思。迪斯科初期只流行于小城镇的下层社会，跳这种舞的人大多数是黑人和劳动青年。由于这种舞蹈所采用的伴奏音乐是摇滚曲的一种，有强烈的节奏，能强烈地拨动人们的心弦，具有令人闻之而动，欲罢不能的效果，因此很快就风靡世界。

迪斯科舞曲的节拍多是2/4拍子，音乐速度较快，速率一般为每分钟120~130拍。因此，迪斯科舞蹈的动作粗犷、热烈、奔放，节奏感极强，舞步自由，形式多变。

迪斯科舞可以一个人跳，也可以双人对跳和集体跳。迪斯科舞步法自由，动作只要遵循人体动作的自然法则，上身与下身扭动协调即可。其特点是使每一个动作显示出充满活力，通过全身扭动来表达热情奔放的情绪。舞者无拘无束，既可以跳出快而细腻的动作，也可跳出粗犷而又热烈的大幅度动作。

迪斯科舞姿的最突出特点，是胯部向两侧灵巧扭动。同时，头部与胸部、腰与胯部、手臂与腿部动作要显得协调。舞蹈进入高潮时，舞者每个部位、关节都随着强烈的音乐旋律、节奏扭摆起舞。中老年人跳迪斯科舞，特别是老年人，有时由于节奏太快，太鲜明，会由于体力不支而超出锻炼身体的正常需要。因此，人们在迪斯科舞基本规律的基础上，又进行了一些新的编排，加进了日常生活中的一些形体动作和体操动作。如加进拖地、擦窗、扩胸、抬腿等动作，使中老年人可以用迪斯科舞的形式来更好地达到锻炼身体的目的。这可以说是一种创造性地改进迪斯科舞的方式。

中老年人在休闲生活中如选择跳迪斯科舞作为休闲方式，不妨根据自己的具体需要来进行迪斯科舞步的编排，以便更适合自己的休闲需要。

迪斯科舞作为一种娱乐形式，大致是20世纪80年代初由境外传入中国的，当时还引起了一些风波，受到一些非议，但是很快也就过去了。如今，迪斯科舞蹈已出现在中国城乡的每一个角落，已成为人们放松身心的一种选择。1992年年底，美籍华人马维仁先生又别具匠心，在上海创办了第一家超大型迪斯科舞厅——"J.J"迪斯科广场，这个可容纳1000人左右的超大型迪斯科舞厅，给人带来一种场地开阔而恢宏的感觉，使迪斯科舞蹈中所蕴涵的狂野之情得到了充分的展示，使迪斯舞蹈又展示了一种全新的风貌。于是，广州、武汉、北京、西安、成都等大城市也相继出现了这种超大型迪斯科舞厅，在这种舞厅中充满了青春、激情和异域情调，使年轻人在这里尽兴地"狂野"，尽情地寻求轻松、自由的感觉，完全摒弃了学习、工作中的烦躁，一门心思地蹦出洒脱、愉悦。

霹雳舞

如今,霹雳舞已成了一种具有世界性的舞蹈。然而,中国人知道或接触霹雳舞恐怕还是从公映美国电影《霹雳舞》开始的。这种舞蹈的新奇性,使所有人都产生了惊奇感,很快,霹雳舞就在中国的年轻人中流传开来。

霹雳舞有很多激烈的特技动作,因此,这种舞蹈一般来说只能作为青年人的一种休闲方式。

霹雳舞起源于美国。据考证,1969年美国的詹姆斯·布朗出了一首畅销曲"Get on The Good Foot",他在演唱此曲时的表演具有后来发展起来的霹雳舞的动作特征,所以,他的这首畅想曲就成了霹雳舞的"始祖"。在当时来说,由于詹姆斯·布朗的舞步独特,所以很快就被纽约的孩子们竭力模仿并广泛流传,深受大众的欢迎。不久之后,霹雳舞爱好者们集中到纽约的哈林区,互相在街头进行比赛。这种竞赛性又反过来进一步促进了霹雳舞的发展,并在年轻人中相互渗透流传。

应当说,当初詹姆斯所跳的舞,与后来逐渐发展起来的霹雳舞相比,舞步还是相当简单的,如没有头旋或背旋等动作,所以现在就将其称为"老式霹雳舞"。

霹雳舞的发展,很快就具有了社会性,人们不再把它当成单纯的舞蹈形式。布朗区的街头,青年人不再打架了,取而代之的是用各自高超的舞技来显示和表达自己的自尊心。由此可见,霹雳舞的内蕴是极为丰富的,它的节奏,它的独特舞步,它的高难动作,它的舞姿等,都蕴涵有现代人的一种独特情感和兴趣。于是,青年人就自发地形成具有独创舞步的霹雳舞群,并以此为基础向外推展。

事实上,真正把霹雳舞推进、发展到现今水平的是美国传奇性的播音员阿菲利加·班巴达。当他首次见到霹雳舞,就异乎寻常地对其发生了兴趣,并且自己也组织了一个叫做"祖鲁金"的霹雳舞群,他的舞蹈获得多项舞蹈比赛奖,而且在纽约的各地演出吸引了大批人。这之后,新式霹雳舞群"洛克·史达迪"的出现,闪电舞、波浪舞的产生,使霹雳舞于1983年开始在世界各大都市风行。霹雳舞的比赛也接二连三地开始举办而风靡全球。

民间自娱舞蹈

民间自娱舞蹈，一般来说是指民间长期流传下来的，为广大群众所喜闻乐见，既能表演给别人看，又不经严格训练就能普遍学跳的一些民间舞蹈。作为舞蹈休闲方式来说，是一种娱乐性较强的舞蹈形式。

秧歌

秧歌是汉族一种具有代表性的民间舞蹈形式。主要流行于北方地区，解放后，南方一些地区也开始流行。秧歌起源于农业劳动。舞蹈形式一般是舞者扮成各种人物，手持扇子、手帕、彩绸等多种道具。表演形式是开始和结束为大场，中间穿插小场。大场多为变换队形的大型集体舞，小场是2~3人表演的带有简单情节的舞蹈。近些年来，秧歌成为群众在节日、喜庆之日经常表演的民间舞蹈。有些地方甚至形成了一种日常的休闲恬动。

腰鼓舞

腰鼓舞是汉族民间舞蹈。原流行于陕北地区。舞者在腰间挂一个椭圆形小鼓，双手各拿鼓槌，交替击鼓，边敲边跳出各种舞姿。在新中国成立前，解放区的文艺工作者曾对原有腰鼓形式进行了改革，发展成节奏强烈、动作健壮有力的为群众所喜爱的舞蹈。新中国成立后，腰鼓舞成为群众在节日、集会时经常表演的民间舞蹈。

狮子舞

狮子舞是汉族民间舞蹈。流行地区很广，各有不同的风格和特点。一般由两人合作扮一头大狮子，一人扮作一头小狮子，另一人扮武士，持球逗引。表演形式上可分"文狮"、"武狮"两种："文狮"主要刻画狮子温驯的神态，有搔痒、舔毛、打滚、抖毛等动作；"武狮"表现狮子勇猛的性格，有跳跃、跌扑、登高、腾转、踩球等动作。狮子舞的动作技艺性很强，娱乐性较大，深受人民喜爱。

龙舞

龙舞是汉族民间舞蹈，流行地区广泛。"龙"的形象也各有特色，一般是用竹、木、纸，布等扎成，节数不等，但为单数。每节的内部能点蜡烛的叫做"龙灯"，不能点蜡烛的叫"布龙"。舞时，由一人持彩珠戏龙作舞。此外还有用荷花、蝴蝶组成的"百叶龙"，用长板凳扎成的"板凳龙"等多种形式的龙舞。龙舞历史悠久，起源于祀的风俗，在汉代已有记载。

高跷

高跷在我国各地广泛流行。有的地方也叫"高跷秧歌"。高跷在先秦著作中就有记载。舞者扮成各种人物，手拿道具，双足踩着各种不同高度的木跷而舞。表演形式有集体对舞的大场和2～3人表演的小场。

热巴

热巴是包括说、唱、舞和杂技等的一种综合表演艺术形式，流行于西藏和四川省藏族地区。主要组成部分是铃鼓舞。表演时，男的手拿铜铃，女的举手鼓。舞蹈由慢到快，并有一些特技动作，如"顶鼓翻身"、"单腿转"等。

赛乃姆

赛乃姆是维吾尔族民间歌舞，也是维吾尔族古代舞曲，是在节日或劳动后表演的集体歌舞。形式比较自由，动作灵活。新疆各地区都有不同特点的"赛乃姆"，风格大体相同。新中国成立前内容多表现爱情，女舞者的动作比较拘谨。新中国成立后，经过革新，动作开朗，感情奔放，常用来歌颂幸福的生活。

芦笙舞

芦笙舞也叫"踩芦笙"，苗族民间舞蹈，流行于贵州、云南、广西、湖南的苗族地区。一般有两种形式：一种是舞者围成圆圈，至少有两名男舞者吹芦笙领舞，其他人随领舞者而舞；另一种是两个芦笙队轮流作集体或个人表演，边吹芦笙，边做快速旋转、矮步、倒立等技巧动作，带有竞赛性质。侗族、壮族、水族、彝族等也有这种舞蹈形式，只是舞法各具不同特色。

长鼓舞

瑶族和朝鲜族都有长鼓舞。瑶族长鼓舞流行于湖南、广东、广西的瑶族地区。鼓有大小两种。舞者一般左手横握小长鼓中间，上下翻转舞动，右手随之拍击鼓面；也有男舞者将大长鼓系在身前，双手边击鼓边舞的。一般打法分"文长鼓"、"武长鼓"两种，前者动作柔和，后者动作粗犷。朝鲜族的长鼓舞多是女子表演，舞者将长鼓系在身前，左手拍击鼓面，右手持细竹鼓鞭击鼓面，边击边舞，动作优美动人。

孔雀舞

孔雀舞是傣族民间舞蹈，流行于云南省傣族地区。傣族人民把孔雀看成是吉祥的象征，以跳孔雀舞来表达自己美好的愿望。舞时一人或两人，在身上套着孔雀形状的道具，舞姿多模仿孔雀的形象，动作矫健、优美。用象脚鼓、铜锣等伴奏。也有不戴孔雀形道具而舞的，其舞姿就更加柔美娇俏。

群众性的自娱舞蹈一般来说都是民间祖辈流传下来的，深为群众所喜爱，他们往往有一种兴之所至，不由人不舞之蹈之的自发感。从锻炼身体、活动筋骨出发，在每天晚饭后自发地在大街小巷跳上一阵，格外舒心。那种感觉，并不比在舞厅跳舞的心情差，有时甚至于有过之而无不足。

打扑克

扑克，是休闲生活中玩的人最多、最普及的一种休闲方式了。在某种程度上说，世界上也许没有任何一种休闲方式能够与扑克牌游戏相比。其原因是：不受人数和场所的限制。扑克牌游戏一人能玩，多人不限。无论何时何地，也无论时间长短，都可以凑一"桌"，玩一会儿。这就使得人们在旅途、工余、节假日或周末，都能抓上一把，而且是玩得有滋有味，痛痛快快。扑克牌游戏趣味性浓，对抗性强。因此它既能以浓厚的趣味性引人乐意玩，又能以其对抗性强而使人玩得长久。扑克牌玩法多，易学易记。据说世界上扑克的打法能有1000余种，每种玩法并不复杂，易学易记。而且扑克是入门凑趣，玩精玩好又不易，能吸引人百玩不够。扑克牌游戏有一定的益智和提高思维能力的作用。也许玩扑克的人并没有想到要以此来提高自己的思维能力和增长智慧，但是扑克牌的有些玩法，确实能使人在不知不觉中学会和提高逻辑推理和概率等方面的知识，从而锻炼思维能力和增强记忆，提高智力。

因此，在休闲生活中，扑克牌就成为一种最方便、最得心应手的休闲方式了。扑克牌游戏娱乐性强，固然有调剂精神、强身健脑的作用，但是，也许正因为其娱乐性强，也容易使人过于迷恋此道，不能节制而走向了休闲的误区。一是玩起来没完没了，有时会弄得头昏脑胀，腿脚发麻；二是越玩越上瘾，由玩成赌成风。因此，玩扑克一定要有节制，不能成瘾成风成赌。

虽说扑克几乎人人会玩，但是对扑克牌的一些基本知识却不见得人人都通晓，因此将有关常识介绍如下。

扑克的起源

在54张扑克牌中，除了王牌之外，扑克牌中还有K、Q、J三种牌上绘有高鼻深目、卷发碧眼的人像，很易使人误解为扑克牌是起源于西方。迄今为止扑克牌的起源有多种说法。

起源于中国之说：这种说法提出，约在727年，中国古代科学家一行和尚发明了一种纸牌。这种纸牌只有树叶般大小，故称为"叶子戏"，是供当时的玄宗皇帝与宫娥玩耍的纸牌。到了元朝时，马可·波罗来中国旅行，将这种纸牌带回了意大利，又传到了瑞士、法国和比利时等，"叶子戏"经欧化后，在明末清初又传入中国。

起源于中国、印度和埃及说：1096年开始的十字军东征，来自欧洲大陆和英伦三岛的士兵们从印度带回了波罗门（僧侣）发明的一种扑克牌。经过几世纪的改良和发展后，又从欧洲传回了东方。

起源于法国说：法国人认为，现代扑克诞生于法国，是14世纪一位法国学者特意设计给当时患有精神病的法国皇帝查尔斯六世娱乐的。

起源于意大利说：意大利人认为，扑克是意大利人发明的。古威尼斯商人常常在茫茫大海中度过漫长的航程，为了丰富海上生活，也是为了计算日期的需要，而发明了这种游戏扑克。

扑克牌起源的说法不一，正说明了扑克牌的流行较广泛，是在流传中不断完善发展成现在这种游戏工具的。

扑克牌的组成和象征

世界上流行的扑克牌有2种，一种是53张，即只有一张王牌；一种是54张，即有2张王牌。我国流行的扑克牌是54张。

一副54张扑克分为四组，每组13张。其中一组是黑桃；一组是红心；一组是梅花；一组是方块。每组除2～10共有9张数牌外，另有3张花牌，即K国王（King）、Q王后（Queen）、J士兵（Jack），还有一张A牌。

关于扑克牌的象征，说法不一。一般说法是：大王代表太阳，小王代表月亮；52张牌代表一年有52个星期。梅花、红心、方块、黑桃代表一年春、夏、秋、冬四季。红心、方块（红色）代表白昼；黑桃、梅花（黑色）代表黑夜。每组13张牌代表一个季节有13个星期。13张牌的数字相加是91，代表每一季节有91天。四组花色的点数相加91×4=364，再加上小王的一点，是365，如果再加大王一点是366，代表一年365天或366天。每幅扑克的四组K、Q、J花牌共有12张，代表一年有12个月，又表示太阳在一年中经过的12个星座。同时，黑桃是橄榄叶，象征和平；红心是心形，表示智慧；梅花是三叶草，象征爱情；方块是钻石，意味着财富。

扑克牌游戏的常用术语、程序和基本规则

发牌：在扑克游戏开始前，首先要决定由谁来发牌。但并不是总由一个人发牌，而是按向左或向右的方向转，每圈依序由一个人发牌。第一个发牌人通常是参加游戏的人每人摸一张牌，摸到点数最大的人为第一个发牌人。发牌人一般从自己的右邻（或左邻）开始按逆时针（或顺时针）方向发牌，每次一张或几张，视玩法而定。

洗牌：发牌前先要由发牌人"洗牌"，就是把牌混在一起，使参加者不知道每张牌的排列顺序。洗好后交由别人（一般是上家或下家，而不能是对象，更不能由自己切牌）切牌。

切牌：把洗好的牌一分为二，这个动作称为切牌。然后上下顺序颠倒。

打牌：不同的游戏各有相应的决定第一圈谁先出牌的方法。从第二圈起，则由上一圈获胜的人先出牌。

圈次：参加者每人各打出一张手牌所完成的一个循环，称为一圈。在一圈中，以同花色中序列最高（点数最大者）或没有该花色时而打出的最大将牌为该圈的赢家，下一圈则由他来出基牌，如此反复。有一些游戏没有严格的圈次概念，此时，牌的花色无关紧要，只要牌的等级在所打出的牌中最大，而且无人能够或愿意再打出比其更优位的牌时，则打出此牌的人就可以从手牌中自由选择一张（或几张）牌打出来。

盘次：每发一次牌，当所有的桌牌和手牌都打出成为弃牌时，即为一盘。每一盘包含很多个圈次。

局次：打完规定的盘数或不计盘数而以达到预先确定的分数（点数）为标志，即为一局的结束。每局都包括不同的盘数。

将牌：有些游戏规定，赋予某种花色的牌有特别权力，这种牌称将牌，也叫主牌。将牌比其他3种花色的牌都要大。

基牌：指每圈次中打出的第一张牌。基牌决定这一圈牌的花色，这种花色胜过其他副牌，但小于将牌。

手牌：由发牌人发到每个人手中，由持牌人自己支配的牌。

桌牌：指发牌后剩下的牌。按各种游戏的规定使用这些牌参与游戏。

弃牌：从手牌中打出到桌面上的牌。也称为废牌。

顺牌和同花顺：任何接连3张以下为一组的牌称为顺牌。花色协调的顺牌称为同花顺。如：8、9、10；J、Q、K……

庄家：发牌或首先叫牌的人称为庄家。庄家可以优先打第一圈的基牌。同时还可以决定将牌的花色。

叫牌：在拿到全部手牌之后，就从发牌人或其下家开始叫牌。后叫牌的人必须比他前面叫牌者所叫出的牌的数值要大。

将吃：在按圈次打的游戏中，没有基牌同类牌时，可以出将牌而赢得一圈，称为将吃。

跟牌：打出和基牌同花色的牌叫跟牌。

垫牌：没有与基牌同花色的牌，而打出其他花色的牌（非将牌）叫垫牌。

贡牌：输家向赢家进贡，以自己手牌中最大的一张（或几张）贡给上盘的获胜者，叫贡牌。

胜负：区分胜负的办法有4种，以点数的多少来决定；以分数的多少来决定；以完成某种现定序列（或组）的先后（或多少）决定；以手牌的多少或打光手牌的次序来决定。

扑克牌游戏可增加休闲生活的乐趣，锻炼思维能力及敢于承担风险的勇气，是一种强身健脑的益智游戏，以此为休闲方式自有乐趣，但切忌成风成瘾，更不应以此进行赌博。

打麻将

据考证介绍，麻将牌堪称"国牌"，也就是说，麻将牌是中国人发明发展起来的一个牌种。据《简名不列颠百科全书》介绍，麻将牌是"从中国传入西方的一种牌戏。牌上刻有中国式的符号汉字。麻将可能起源于19世纪"。

麻将又称"麻雀牌"、"雀牌"，是在"马掉（马吊）"牌的基础上丰富和发展起来的。据推测，"麻"字可能是马掉牌的"马"字转音，并直接从先于麻将的"麻雀纸牌"承续下来；"将"是因为玩法中规定，在一副牌中，必须有两张同样的牌组成一副对子作为"将"牌而来，因此而称为麻将牌。

中国人玩麻将的热潮是近些年来兴起的，从某一方面说，由于人们有了闲暇时间和经济上有了玩麻将的可能才得以兴起。在休闲时间有节制地玩麻将，的确是沟通感情、消遣娱乐的一种较为理想的方式。但是，如果成风成瘾，甚至于成赌，则是走向了事物的反面，应当加以禁止。

麻将玩法简单易学，其中的基本常识和规则如下。

麻将牌的组成

一副麻将牌共有144～148张，其中由万子、条子（也称索子）、筒子（饼子）、三箭、四风、季花6部分组成。

万子：由一万到九万，每牌色4张，共有36张。

条子（又叫索子）：也是由一条到九条，每牌色4张，共有36张。

筒子（又叫饼子）：也是由一筒到九筒，每牌色4张，共有36张。

三箭：其中有"红中"4张、"绿发（即发财）"4张、"白板"4张，简称是"中、发、白"，共有12张。

四风：其中有"东、西、南、北"风，每风4张，共有16张。

季花：有的牌刻成"春、夏、秋、冬"，有的刻成"兰、竹、菊、梅"，有的是二者共存。这样，全副牌主牌（万、条、筒）是108张，加上其他部分是144或148（在东西南北风与兰竹菊梅共时）张。其间个别地区也有一些变化，但基本上是如此。此外，麻将牌中还有两枚骰子。

麻将牌的一般玩法

麻将牌一般来说需4个人玩，缺一不可，一人一方，为东、西、南、北。四人中有一人为庄，称为庄家。

玩麻将时要先定"班位"后定"庄"。先将麻将牌牌面朝下掺匀，洗好，然后每人摞17对牌（通常玩法是不带季花），分四面围摆成方阵。然后用骰子（两枚骰子点数相加，最小点是2，最大点是12）"班位"、"定庄"。不管是谁掷骰子，点数为5、9时自家做东；点数是3、7、11是对家做东；点数是2、6、10时，是右边人做东；点数是4、8、12时，是左边人做东。坐东者就是庄家，再按顺时针方向排出南、西、北三个班位。其中规定，无论输赢，庄家所得所失，却是其他人的2倍。

然后是切牌（即通常所说的从哪儿开始抓牌）。庄家先掷骰，末尾数数到谁谁再掷一次。两次的点数加起来，从第二个掷骰人摞的17对牌数中数出后切牌。例如，庄家的点数为7，那么第二个掷骰人就是对门，对门掷的点数是6，7加6是13，那么就从对门的17对牌中数出13对，从第14对开始抓牌。按顺序每人抓2对，每人抓三首，共计12张牌。庄家最后跳牌（从上面隔1张再抓2张），其余3人按顺序每人抓1张，庄家先打出一张，每人手中都是13张牌。

切牌、抓牌后，就开始进入打牌阶段。每人抓完牌后，要将牌进行分类、调整，以决定留什么牌，打出什么牌。留牌要立足于留接近和（胡）牌定向的牌，如留张数比较多的牌或者对子牌留能吃二头或三头的牌（尽量少留吃一头的牌）。在打牌中要注意上家和（胡）牌的定向及打出牌的条件，以使自己有充分利用上家打出牌的可能。

打牌要打出自己无用而且下家又很少能吃上的牌；再就是，打熟张牌（即牌桌上已打出的废牌）。这样，就能做到既利用上家打出的牌，又能控制下家利用你的牌。千万不要形成上家打什么牌你也打什么牌，下家要什么牌你就给人家什么牌的被动局面。

在打牌中要千万注意不能打别人（特别是庄家）要和（胡）的牌，否则就要点炮了，输的会是2倍。

所谓和（胡），就是将自己的牌组成四套加一个对子（将牌）。四套，就是四组或按点数联为3张；或按3张相同算作一组，总共四组。麻将牌有多种成套方法，有极为细密的战术及繁杂的记录方法和规定。一般玩法是不细数番，而一律采取穷和（胡）的方式。

打桥牌

桥牌流传范围较广泛，而且是一种经久不衰的休闲之戏。桥牌之所以受到众多人的喜爱，不仅是因为桥牌本身趣味浓郁，引人入胜，而且是因为打桥牌能促进人们增长知识。在整个打桥牌的过程中，能运用到数学、统计学、逻辑学、心理学、社会学等方面的知识。此外，还能锻炼记忆力，增强独立思考的能力。同时还能发挥紧密协作、顾全大局，团结一致的集体主义精神和荣誉感。

据有关文献记载，桥牌的最早出现可追溯到15世纪早期的英国。以后，桥牌经过四五百年在世界各地流传、演变，才成为当今世界上最流行的纸牌游戏。据估计，目前世界上有近亿人打桥牌。

桥牌，是一种数字性概念很强的游戏。打牌时要两个同伴合成一组，互相配合，协同作战。对手的牌是看不见的，这就要考虑许多偶然因素，运用数学中概率论的一些知识和逻辑推理、对牌的分配和位置作出估计。如何克服偶然现象，争取必然的胜利，可以通过打桥牌得到一定的启发。可见，打桥牌是一项较量智力的有益文体活动。

打桥牌使用的是普通扑克牌，但要去掉两张王牌，用所剩的52张牌较量。桥牌分两个阶段进行，即叫牌和打牌。打完后进行计分，以得分的多少决定胜负。桥牌是一种较为复杂的游戏。初学者，首先掌握好桥牌的基础知识,以便逐步学会这一较为复杂的游戏。

发牌

4个人分成两对,双方互为对手,两对同伴相对而坐。择座以后,先由一人发牌。发牌前要先交给左首东家洗牌;洗好后,再由发牌者北家把牌右移,让右首西家切牌。发牌按顺时针方向分发。仍以北为例,第1张发给东家,第2张南,第3张西,第4张轮到自己。这样周而复始,发13轮,正好把整副52张牌发完。每家各自整理好自己的13张牌,不能让任何一家看到牌面。发牌结束后,分叫牌和打牌两个阶段进行。

叫牌

从发牌人开始,通过叫牌,由其中一方确定一个约定。定约分"有将定约"和"无将定约"两种。有将定约就是在黑桃、红心、方块、草花四种花色中,指定一种为将牌。将牌比其他三种牌有更大威力。打牌时,当跟不出其他一种花色时,就可以出将牌吃掉。打无将时,只能在同一种花色内比大小,若跟不出同样花色只能垫牌。叫牌确定定约,不仅要指定将牌的花色或无将,而且还要叫出一个定约数字。这个数加上基数6,就是定约所要求的得牌墩数。例如,叫"2"方块,表示指定方块作将牌,并要求得8墩牌;叫"4无将",表示打无将定约,并要求得10墩牌的最高数字是7。7加上基数6是13,要求得到全副牌13墩,是大满贯,这是很难打的。叫牌是按着顺时针方向叫的,以花色等级(黑桃最高,红桃其次,方块又次之,梅花最低,无将则盖过一切花色)或数字盖过前一个叫牌,直至三个连续"不叫",最后一个叫牌,作为大家一致通过的定约。另外,在叫牌过程中,如防守方认为有击败定约方把握时可叫"加倍",表示防守方要惩罚对方,使定约方失分更多。但如果定约方仍认为有完成定约的把握时,可对防守方所叫的"加倍"叫"再加倍",也表示要惩罚对方。确定"加倍"和"再加倍"定约后,定约方的得分数分别按二倍或四倍计算。

打牌

定约执行者,要拿到一定墩牌才算完成定约,少于就是宕墩(即输墩)。定约执行者的同伴是明手，待出第一张牌后，明手就把自己的13张牌明摊在桌面上，让定约者一个人执行明暗两手的打牌计划。明手在打牌过程中，从头至尾没有发言权，只能听从自己伙伴定约者的命令，从桌面上抽取牌张，一一跟打。打牌开始，由定约者的左首一家守方首先头攻，就是出第一张牌。四人出齐后，赢得第一墩牌的人接着出牌。然后再由赢得第二墩牌的人出牌，一直到第十三墩牌出完为止，最后统计定约人赢得的墩数。

桥牌的信号

桥牌是同伴之间合作的游戏，要彼此了解、配合默契。因此打牌时要密切合作，不能只顾自己打牌，而不注意同伴跟什么牌。实际上，无论是打出一个赢张还是跟小牌，或者垫牌，都有可能说明这样、那样的问题，这就要在打牌时注意同伴跟的是什么牌，从中发现同伴向你发出的信号。

桥牌有一整套的叫牌法和战略战术，这也是桥牌格外引人入胜的地方。桥牌是一项很容易开展的活动，不需要特殊的场地和设备，只要若干副扑克牌，刻印一些记分表格（或是干脆就在白纸上计），就可以进行比赛。因此，在休闲生活中开展桥牌比赛，既斗智又斗勇，而且增长知识，很值得提倡。

下跳棋

跳棋既能启迪智慧，又能娱乐消遣，是一种既简单又灵活的娱乐方式，由于不受场地限制和复杂走法限制，跳棋玩起来比较随意。

棋盘和棋子

跳棋的棋盘呈六角形，棋盘图中有121个圆点。跳棋的棋子分别是圆头木质或塑料制成的圆锥体，共有40颗。棋子也可用其他物品如玻璃球等代替进行游戏，但颜色要有所区别。

走法

玩跳棋可由2~6人同时进行。也可2人、3人、4人、5人进行。

比赛时，每人各拿10颗同样颜色的棋子，放在棋盘相同颜色的彩点上作为自己的阵地。

走棋时，每人轮流各走一步。谁先走棋子，可以按颜色定，亦可协商而定，走棋顺序必须依次按顺时针方向走。

走棋的规则有以下几点：如先走最前的子，只可挪一步，走第二排的子可以中间隔一子跳过。但必须按直线跳子。一般的跳法是中间隔一个子，但也可跳过两个子、三个子或更多的子。要根据玩者兴趣所定。在跳行过程中，无论是己方的子或是对方的子都可以跳过。只要前面有可以跳的子，走的一方就可以根据自己的想法跳一步或多步，直到前面无子可跳为止。

玩跳棋，要动脑筋，争取把自己的棋子排成连跳路线，并设法阻止对方棋子，使之不能连跳。使自己的棋子能够比较快地跳齐到对方角内，就算获胜。玩棋时不能光顾自己走棋，还应观察其他各方的位置，巧妙地利用他人的通道。

下围棋

围棋起源于中国，传说中有尧造围棋之说。这种传说可能与费帝造蹴鞠之说一样，是对古代祖先崇拜意识的一种反映。在《左传》和《论语》中都曾提到过围棋，因此，围棋在春秋时代已经相当流行是毫无疑问的。

围棋与用兵之道关系极为密切，把围棋盘视为小战场，把下围棋比作用兵之道，是一种普遍的看法。纵观历史，许多著名的军事家都是围棋高手，说明了围棋之戏能够培养人们的军事才能。从战国到秦汉是围棋大发展的时期，可能就与其间几百年的频繁战争有关。

围棋之戏不仅能培养人的军事才能，对人的思维方式方法的提高也是大有益处的。在休闲生活中下围棋是一种智力开发。同时对于精神调剂，愉悦身心都是大有好处的。目前我国围棋的发展不够普及，不像象棋那样无论男女老少普遍都能下几盘，能下几手围棋的人则并不太多。

因此，介绍一下围棋的基本常识还是十分必要的。

棋盘和棋子

围棋的棋盘纵横各19线，共有361个交叉点。棋子分黑、白两种颜色，黑子181个，白子180个。我国围棋之制在历史上发生过两次重要变化，主要表现在局道的增多，在魏、晋后为17线；唐代时，局道纵横各加一道，为18线。宋代时又增加一道最终完成了局道的演变，变成了现在的19线。

按规定，执黑子者先走，轮流将棋子下在交叉点上，以占领多于所规定的交叉点的一方获胜。

基本规则

围棋棋盘上的361个点都相互交叉连络，每一个点的上下左右都有相近的交叉点，这些相近的交叉点就是那一点的"气"。棋盘中的点一般来说都有4个"气"。棋盘四边的点有3个"气"，盘角的点，只有2个"气"。如果一个或相连几个棋子周围的"气"全被对方的棋子占住，那么这些棋子就要被吃掉，要从棋盘上被拿掉。

下围棋时还要遇到"地"、"目"、"提"等术语。"地"，就是地盘和领土，下围棋就是争"地"，一局终了。"地"多者胜，"地"又叫"实地"、"空"、"实空"等。"目"是"地"的单位，一"目"就是棋盘上的一个交叉点，古代称为"路"。"提"，就是堵住对方棋子的最后一"气"，从而把该棋子拿掉，也叫"吃"。学围棋必先掌握提子的基本知识。如果在棋子的交叉点上，还有自己的棋子，连接在一起的棋子各自的气合起来，就作为它们共有的气，这样，两子就有6个相邻点，也就是说有6个气。要想吃掉这两个棋子，就须将6个气的位置都占领下来，使两个子都处于无气状态。以此类推，连接在一起的棋子越多，要想提掉也就越困难。

为避免对方吃掉棋子，就要采用棋子相连接的方法，把陷入快被围的棋子逃出来，这就叫做"逃"。在逃出时，有两点须注意，一是逃出毕竟是暂时的急救措施，因为已逃出的棋子还有被围的可能。二是逃出的目的在于增加棋子的气，如果逃出的结果不能增加棋子的气，那就失去了逃出的必要性。

吃子和逃出是下围棋中的基本战斗方式，一定要掌握精熟。

基本战略战术

围棋的全局战略战术大体分以下四个阶段。

布局：布局阶段是指开局时双方抢占战略要点的起手几十个回合。一般的规律是先占角，再占边，最后才去争夺中心。棋坛上有"金角、银边、草包肚"之说。

中盘：布局之后就进入了中盘阶段。在中盘阶段要求棋手有高明的算"路"能力，目前，国内外的第一流对局者可以算到30～50着以后，这就需要许多的高妙着法。

收官：这一阶段是巩固战果、决定最后胜负的阶段。此时，中盘已过，双方的地域大致定型，在局部上还有许多细微的争夺。在此阶段并不次于中盘，在一二个点上的不慎，常常会导致全盘的失利。

尽终：棋下到双方都认为无可争议之点时，就算全局终了。然后就要通过计算来决定胜负。以全盘361个交叉点为依据，以其半数180.5个点为标准，超过180.5点为胜方。为了抵消黑方先着一步的便宜，在计算时一般要扣除黑方2.5个点。如双方经计算后，各自的点数不多不少，则为和棋。

学习下围棋要循序渐进，开始时可在13路小棋盘上进行试着下，熟练后再用19路大棋盘下，这样进步快些。学习下围棋要重视基本技法，更要重视实战，才能逐步提高自己的棋艺。

休闲生活中下围棋同下其他棋类一样，一方面是双方对弈，一争高下，另一方面也是互相磋商、联络感情、增进友谊的过程。

初看起来，下围棋似乎仅仅是一项脑力运动，其实不然。下围棋需长时间的静坐功夫，这种静坐功夫就是一种体力运动。因此说下围棋是一项融脑力和体力于一身的运动。由此看来，下围棋既是一项体脑的竞技活动，又是一种很好的游戏，同是也是一种高雅的艺术。

下中国象棋

象棋的"形"、"制"大约产生在周代前后。当时的象棋由棋、箸、局组成，对弈双方各有6个棋子，色分黑白，棋子用象牙或骨雕刻而成。箸相当于骰子，用竹片制成。局是一种方形的棋盘。对弈时，在棋盘上用投箸的方法移动棋子，决定胜负。春秋战国时期的兵制以5人为伍，加伍长1人，共6人，当时的象棋就是模仿战斗的一种游戏。

宋代是象棋基本成形时期。据民间传说，宋太祖赵匡胤任后周节度使前曾路过华山，和陈抟老祖下象棋以华山为赌注，并留有单车孤帅巧和车马炮的残局。从现有资料看，这只能是个传说，北宋初年的象棋尚未定型，又经历了100多年的演变，才最后形成了现在象棋的基本形制。

中国象棋的玩法不复杂，但棋势却千变万化。中国象棋是以黑红棋子代表两军而对垒的智力角逐。对弈双方在棋盘——这一特定的"战场上"进行着象征性的军事战斗。双方根据自己对棋局形势的理解和对棋艺规律的掌握，组织兵力，协调作战。进攻退守都有法度可循。

行棋一般规定

象棋盘共有90个交叉点，棋子应摆在交叉点上，中间没有画通直线的地方叫"河界"，上方和下方画有交叉线的地方叫做"九宫"。

棋子分黑红两组，每组十六个，由对弈的双方各执一组。

对局时，双方轮流各走一着，称为一个回合。轮到走棋的一方，将某个棋子从一个交叉点走到另一个空着的交叉点，或者吃掉对方的棋子而占领其交叉点，均算走了一着。

将（帅）每一着只准走一步，前进、后退、横走都可以，但不准走出"九宫"。将与帅不准在同一直线上对面，也就是通常所说的不能"明将"。士（仕）每一着只准沿"九宫"斜线走一步，可进可退。象（相）走"田"字，但不能越过"河界"。马每一着斜走两步，可进可退，即俗称"马走日"，如果在一直（横）线上有别的棋子，即俗称

"伴马腿"时，它就不能走过去。车的走法最自由，横走、直走都可以，只要没有子阻拦均可走，而且不限几步。如遇对方棋子即可吃掉。炮在不吃子的时候，走法同车。

卒（兵）在没有过"河界"时，每着只准向前直走一步。过河界后每着可以向前走一步，也可以横走一步，但不能后退。

走一着棋时，如果己方棋子可以走到的位置有对方棋子存在，就能够把对方棋子吃掉而占领那个交叉点，只有炮吃子必须隔一个棋子跳吃。

除将（帅）外，任何棋子都可以听任对方吃或主动送吃。

一方的棋子在下一着时能把对方的将（帅）吃掉，称为"将军"或简称"将"。如将对方的将（帅）将死或困死即为胜方。

被"将军"的一方必须立即"应将"，应将的方法有：将（帅）从被攻击的地方避开；吃掉对方进行"将军"的棋子；用自己的子置于对方"将军"的子与己方的将（帅）之间，即俗称"垫将"；遇到对方炮"将军"时，除以上"应将"方法外，还可以把己方被作为炮架的子撤开。

如果被"将军"而无法"应将"，就算"将死"。轮到走棋的一方，将（帅）虽然没有被对方"将军"，但被禁在一个位置上无路可走，而己方其他棋子也不能走动时，就算"困毙"。

胜负规定

对局时一方出现将（帅）被对方将死或困毙，自己宣告"认输"。认输一方就输一局，对方即胜一局。对棋时，出现下列情况之一，就算和棋：双方的棋子或棋势都没有取胜的可能时；一方走出自己轮走的一着棋之后，提议作和，对方表示同意；双方走棋出现循环往复达三次以上，属于"允许着法"，又均不愿变着时。

禁止和允许的棋步规则

对棋时常会出现双方循环重复的着法，其禁止和允许的原则规定如下。

禁止着法：凡是单方面走出长将、长杀、长捉（其中要吃未过河的兵、卒，不算捉子之例）等"长打"的着法，均属于禁止着法，不变作负。除出现"解将还将"外，任何情况下均不许可"长将"。

允许着法：长拦、长跟、长兑、长献以及"一打一闲"等着法，均属允许着法，双方不变作和；允许将（帅）步步叫吃对方的棋子；允许兵（卒）步步叫吃对方的棋子（不包括："长将"和"长要杀"）；凡一方走出"两打"，其中有一步是为了解"打"时，则称为"两打一还打"，无论是无变或有变不变，均作和，"两打两还打"同样处理。

下国际象棋

国际象棋是世界各国最盛行、最普遍的一种棋类娱乐活动。在我国虽然不如中国象棋那样普及，但是近年来喜爱者日见增多，也是一种休闲生活中极好的娱乐项目。同下中国象棋一样，下国际象棋也要费脑筋，但是尽管如此，它却是一项有浓厚兴趣的活动。其休闲作用就在于可以使休闲者转换思维内容，不使思维只在一种或几种单调的内容中进行。列宁曾赞美下国际象棋是"智慧的体操"。而且，如果以休闲为目的，只在开心娱乐，不在输赢上过分用劲，那么既或是费点脑筋也不会有累的感觉。但是也不能时间过长，否则就会适得其反，本来是要轻松一下，反而会因思考过度而感到格外疲劳。如果再一心想着输赢就会增添了一份心理负担，那就不是休闲，而是自讨苦吃了。为了使休闲者能更好地欣赏和学习国际象棋，下面将其基本常识介绍如下。

国际象棋源起于2000多年前的印度。6世纪的时候传到伊朗，以后又传到阿拉伯国家、地中海沿岸各国及西欧。大约在15世纪末它才基本定型为国际象棋，并广为流行。1924年，国际奥林匹克委员会决定把国际象棋正式列为比赛项目。国际象棋是一项靠动脑的娱乐活动，它之所以成为体育运动项目，就在于它是锻炼思维能力，培养顽强意志，又有竞争性的一项有益活动。下面分别介绍国际象棋的一些必备常识。

棋盘和棋子

国际象棋的棋盘为正方形，由纵横各8格，颜色一深一浅交错排列的64个小方格组成。深色的小方格叫黑格,浅色的小方格白格。摆棋盘时,要注意每一方的右下角应是白格,不能摆错。

　　国际象棋的棋子是立体型的,分黑白两组,每组有16个棋子:8个兵、1个王、1个后、2个车、2个象和2个马。2个车、2个马、2个象分别左右两旁,王、后居中。白方的后要放在白格,黑方的后要放在黑格,8个兵平列前面。

　　按照规则由白棋先走,黑棋后走,双方轮流走棋。一方将自己的一个棋子从所在的格子上移动到另一个格子上,就算是一步棋。白方先走的一步加上黑方接走的一步,叫做一个回合。各子的走法不同,但目的都只有一个,就是擒拿对方的主。下面分别说明每一种棋子的走法。

　　王的走法:直线、横线、斜线都可以走,每步只能走一格。

　　后的走法:直线、横线、斜线都可以走,格数不限。后是所有棋子中最灵活的棋子,也是威力最大的棋子。

　　车的走法:直线、横线都可以走,格数不限。车的走法威力仅次于象,在斜线上走,格数不限。因为斜线是由同色格组成的,所以象只能在一种颜的格子上活动。双方各有一只在白格上活动的象和一只在黑格上活动的象,前者叫白格象,后者叫黑格象。

　　王、后、车、象的吃子:在王、后、车、象能走到的格子上,如果有自己的棋子,那就不能走了,也不能超越过去;如果有对方的棋子,那就可以吃掉它。

　　马的走法:每一步的路线是先走或横走一格再斜走一格。在马能走到的格子上如果有自己的棋子,那就不能走了;如果有对方的棋子,就可以吃掉而占有它的格子。在马经过的路线上如果有自己或对方的棋子,都可以超越过去。

　　兵的走法:兵只能沿着直线向前走,每步一格。在兵的前面如果有自己或对方的棋子,兵就不能前进了。兵的吃子和它的走法不同,只能向前斜进一格吃子。

　　在兵的走法中,还有一些特殊规定:

　　兵在原始位置开始走动时,可以随意走两格或一格,以后就每步只能走一格。

如果兵从原始位置一步走了两格，在同一横线的相邻格子上正好有对方的兵时，那么对方兵也可以吃掉它，但不是占有它到达的格子，而是占有它经过的格子。这种吃法叫做吃过路兵。吃过路兵必须在对方的兵走过之后立即吃，隔了一步棋就不能再吃了。

当兵走到底线时，可以升变为后、车、象、马四种棋子中的一种，但不能变王，也不能不变。由于后是威力最大的棋子，所以多数情况下，兵到底线都是升后。但也有特殊情况，有时变后并不是最有利，就根据需要而变别的棋子。王车易位：在对局中，各方每走一步棋不能移动自己的一个棋子。但是，双方都有一次机会，可以同时移动自己的两个棋子，也算做一步棋，这就是王车易位。王车易位必须具备以下条件：王和参加易位的车都没有走动过；在王和参加易位的车之间没有别的棋子；易位时王没有受到对方棋子的攻击，王要经过和将要走到的格子也不受对方棋子的攻击。易位方法是先将王向车的方向移动两格，然后车越过王而站在和王紧邻的格子上。

将军、将杀和胜负

如果一方的棋子要在下一步吃掉对方的王，叫做"将军"。被将军的一方一定要走一步棋使自己的王不被吃掉，叫做"应将"。被将军而不应将是不可以的。应将的方法有三种：王离开被攻击的格子；吃掉对方进行将军的棋子；把一个棋子走到王和对方进行将军的棋之间，叫做垫将。当对方用马或兵进行将军时，不可能用垫将的方法；进行将军的其他棋子也可能紧靠着被将军的王，这时也不可能用垫将的办法。当被将军的一方无法应将时，就叫做被将杀。王被将杀，就是对局的结束，被将杀的一方就输了这一局。对局中双方子力悬殊时，一方不等到被将杀也可以认输。在正式比赛中，超过时间限制也算输棋。

和棋

当一方轮到要走棋的时候，却无子可动，算是和棋，叫做逼和或长将；双方都只剩单王，或一方是单王，另一方是王和单马或单象；一方走棋之后提议作和，对方表示同意；连续或间断出现3次重复的局面，都是轮到同一方走，轮到走棋的一方可以提出作和；如果从某一着开始的50回合中，棋盘上没有吃掉一个棋子，也没有走过一个兵，可以由一方提出作和。

关于国际象棋，还有一个很有意思的传说：相传，距今2000年左右的一个酷暑季节，在印度爆发了一次激烈的战争，成千上万的武装勇士折臂断足。一位智者看见这种惨状，头脑中闪现了一个念头，他制作了一块方不盈尺的64格棋盘，以表示辽阔的战场；又塑成不同的戴盔披甲的将士形象为棋子，使之复活在黑白相间的棋盘上。这位智者的目的是想把逞强好胜的婆罗门贵族、国王和武装们的兴趣吸引到棋盘上来。用棋盘上的攻城掠地来代替战场上的厮杀征战，免得人类再互相残害杀戮。

如果以上的传说有可能是国际象棋的起源的话，那么在休闲生活中玩棋，就要切记，不要过重地看重输赢，而要把它只当做一种斗智斗勇的游戏。

集邮

邮票这块方寸之地，吸引了国内外难以数计的痴迷之人。在千姿百态的现代生活中，人们为生活得更美好，生活得更有人生价值，总要寻找或选择最适合自己的爱好、乐趣的休闲方式，集邮之所以能吸引众多的爱好者，按照一些人归纳出来的因素是集邮有三益五性：益智、怡情、聚财是三益；思想性、知识性、艺术性、娱乐性、史料性是五性。这种归纳基本上概括了集邮的特性和功能。

集邮活动是随着邮票的产生而逐步开展起来的。邮票本来是作为邮资凭证而出现的，按说邮票经使用盖销后，就应该完成了自己的使命，不再具有使用价值。然而，盖销后的邮票却引起了人们收藏和研究的兴趣。从邮票问世到现在，虽只有100多年的时间，人们的集邮活动却开展得突飞猛进，即从揭撕邮票的简单方法开始，发展到集藏新票，实际封片和邮戳。不但收集的范围扩大了，方式也有了很大改进，从传统集邮始发展为专题集邮及其他集邮方式。方寸之地，为广大集邮爱好者提供了多种用武之处，演出了无数让人玩味的传奇和故事。

休闲时间选择集邮活动,可以通过对邮票、封片、邮戳的收集、整理和研究,极大丰富自己的休闲生活。邮品又是一种特殊的艺术商品,往往会随时间的推移,起到增值效益,这也是休闲中的一笔经济收益。但是,一定要切记,如果将集邮仅仅作为休闲,那么就不要把主要精力投到邮品的商品价值上来,而应当以陶冶情操、增长知识、培养气质、提高素养作为主要内容。

如果是老年人在休闲生活中集邮,还有其特殊的作用,既可使自己保持与社会的联系,在与年轻的集友打交道时,还可缩短与年轻人的距离,与年轻人成为忘年交。

集邮的历史并不算长,世界上第一枚邮票是1840年5月6日在英国诞生的。票面为黑色,上面印着维多利亚女王18岁即位的侧面像。当女王看到她的肖像印在邮票上时,十分高兴,更加积极支持邮票的发行工作。因此,这枚邮票发行的当年,就印制了6800万张。

在这第一枚邮票诞生前,人们投寄信件须向邮局付款,然后在信上盖"邮资已付"的戳记。这种办法手续繁杂,邮资不统一,缺点很多。1840年1月,英国政府做出了统一邮资的决定,规定每寄一封信的邮资为一便士,并将"邮资已付"的标志印在信封上,任人大量购买。但仍存在诸多不便,英国邮政当局又想方设法进行了一些邮政改革。找到了把印在信封上的"邮资已付"的戳记变成印有图案的小纸片的好办法,这就是邮票的雏形。后又经过一些改革,便制成了世界上第一张邮票。

最初的邮票是没有齿孔的,人们购买邮票寄信需用刀割,很不方便。1848年,英国的亚莱尔发明打孔器后,邮票才有了齿孔。第一枚邮票诞生后,世界各国都先后模仿英国开始发行邮票。各国发行的第一枚邮票,票面上除印有邮资价值外,图案都是采用各国国徽或国王像。

我国第一枚邮票是1878年诞生的,是清朝光绪四年发行的蟠龙邮票。这套邮票分一分银绿色,三分银红色,五分银黄色3种。我国发行的第一套纪念邮票是1894年的万寿纪念邮票。这套邮票是清政府为了纪念中外通商50年和慈禧太后60岁生日而发行的。全套共9枚,主图是龙、鲤鱼和帆船。

集邮工具

为了避免整理邮票时手指汗渍污染票面,需要一把顶端平滑的镊子;为了区别国别和发行年代,需要一把测量邮票齿孔度数、图幅、票幅的量齿尺;为了研究邮票的版式,观察画面的细微之处,需要一个5~10倍的放大镜。其次,还需要长期保存邮票的贴票册,临时放邮票的插票册,保护邮票的透明护邮袋以及往邮票册上贴邮票用的胶水纸,鉴定邮票水印的水印盘等。

集邮,要注意邮票的品相。品相就是邮票的外观。一张品相好的邮票要齿孔端正、无缺齿、断齿;图案清晰,面色鲜艳,没有折痕;要邮戳清晰,不压主要图案和邮票志号;要背胶完好。

邮票整理

整理邮票主要分为使邮票脱离信封、初步分类、选留集品三步。

把邮票与信封分离是一件细致的"技术性"工作。正确方法是:先将邮票连信封纸一起从信封上剪下,不要损害到邮票四周的齿孔。然后将剪下的邮票放入清水中浸泡。过几分钟或十几分钟后,邮票就会自动与信封纸脱离。在未脱离之前,不要用手去硬揭,否则极易损坏邮票。邮票脱离信封纸后,换另一盆清水继续浸泡。直到邮票背胶彻底溶化脱尽,再取出,背面朝天,放到吸水纸上风干,再移至书本中夹平。当然,并不是所有邮票都要从信封上脱离,如首日封、首航封及盖有特殊纪念邮戳的信封等就应照原来样子连同信封一起收藏。早期邮票更应该保持在原始信封上,以保持它的史料价值。

邮票的分类主要依集邮者的喜好而定,没有固定标准。如按国家收集,可先把同一国家发行的邮票集中在一起,再把普通邮票、纪念邮票、航空邮票、特种邮票等分门别类收入集邮册;如果收集专题邮票,那么就按邮票图案的主题集中,如收集历史人物、体育运动、各种动物等,可以把相应图案的邮票集中起来。对邮票进行分类时,连在一起的邮票不要急于分开。因为集邮的集品不光是单枚邮票,也包括成对或几枚连在一起的。怎么连法,在集邮界有固定的形式名称,如横式对票、横式条连票、直式对票、直式条连票、四方连票等。特别是带有版铭的边角四方连票更是集邮中的珍品,不能将它撕成单枚。

邮票经过初步分类后，可以确定哪些保留作为集品，哪些可以赠送邮友，哪些可以交换。一般来说，集邮者都是选择品相好的留做集品。此外，选留集品的标准还要根据复品的多少而定。在没有复品的情况下，即使不合标准也只能暂时保留，待以后收集到相同邮票时再进行比较掉换。

在集邮的过程当中，为了不使邮票受损，要注意尽可能不用手去直接接触邮票。必须移动邮票时，一定要使用镊子。这不但利于保持邮票的清洁，而且因为邮票的纸薄，只有用尖端很薄的镊子才不容易将邮票四边的齿孔曲折。使用镊子夹邮票时要注意轻夹，不要过分用力，更不能用镊子尖垂直接触邮票。不要频繁移动邮票。凡是已经收藏在贴册中的集品，就不要再轻易移动。因为在移动邮票的过程中很容易弄脏或损坏邮票。不论是整理邮票还是欣赏邮票，都必须选择清洁的地方。

邮册的保存

邮册的保存应注意防潮和通风两个方面。主要措施是：邮册应该竖立放置，不要躺倒摞在一起。存放邮册的地方要宽敞，不要将邮册挤得太紧。邮册应放在干燥荫凉的地方，不要让阳光直接照射到邮册上。邮册要经常翻动。特别是梅雨季节，要经常使邮册通风透气。这样可防止邮册粘连。此外还要注意防虫。蛀虫是邮票的大敌，必须小心提防。零散的邮票不要装在信封里，也不要用纸包起来，因为这样容易使邮票受潮而粘连起来。可以用装糕点或糖果的铁盒存放。放前最好在邮票背面撒上一点滑石粉，并要经常翻动。

集邮的真正乐趣在购买、交换、整理和整个收藏过程中。在集邮时可以结合各人的专长和兴趣，来选择题材和集纳有关邮票，以便充分发挥个人的创造才能。

钱币收藏

收藏钱币是一种以收集各种类型的钱币品种为目标，以对钱币进行鉴赏、研究为目的休闲娱乐的文化活动。

收集钱币可以分为两大类，一种是收集古币，即收集、研究我国各个朝代、各个时期不同形态的钱币，以丰富自己的各方面知识。另一种是收集各国现行货币，以开阔视野，从对各国风俗人情、山川地理、人物历史、语言文字的了解，增长自己各方面的知识，给生活带来一定的乐趣。

收藏钱币同收藏其他物品一样，都有藏品增值的问题，这是需要正确对待的。一般来说，以符合收藏规律的方式，适当地利用藏品的增值作用，以利更好地进行收藏。千万不要在收藏钱币中钻进钱眼中，与孔方兄难舍难分，那样就是舍本求末，与休闲内容本身不相符了。

收藏钱币需具备一些基本常识，这里主要介绍一下中国古钱币史、古钱鉴定、古钱的保养三方面基本常识。

中国古钱币起源于夏商，到春秋战国时，产生了各种形态的货币，其中主要有贝币、布币、刀币、环钱四种。

贝币

中原地区很早就使用贝币，最早的贝币是天然海贝，在殷商时期贝币被广泛使用。到了商代晚期出现了用青铜铸造的铜贝。因其无文字，称之为无文铜贝，这是中国最早的金属铸币，也是人类最早的金属铸币。东周时期出现了包金铜贝（将一层极薄的黄金包在铜贝上）。战国时期的楚国铸有称"蚁舟钱"或"鬼脸钱"的铜贝。

布币

在商周时期，农具铲在商业交换中逐渐取得了货币的资格，于是就仿照铲形而铸行货币，"镈"是一种铲形农具的名称，因"镈"与"布"同音，故称"布币"。布币都是用青铜铸造，主要流行于春秋战国时期的三晋及附近地区，形制不断发展演变，主要分空首布和平首布两类。空首布是春秋时期使用的，到了战国时期，铸造平首布代替空首布。

刀币

春秋战国时期，东方渔猎地区和手工业较发达的地区从一种叫"削"的刀具演变铸造出"刀币"。刀币主要流行于燕、齐、赵等国，均为青铜所铸。

环钱

环钱的出现较贝币、布币和刀币要晚，主要流通于战国中期的周、魏、秦等国。环钱其原型说法有二：一为土石纺轮；二为玉环（璧）。环钱为青铜质，圆形，中央有圆孔或方孔，边缘有廓或无廓。钱上铸有产地或重量等文字。货币单位因不同地区而异，有"妍、化、两"等。与刀币和布币等相比，环钱便于携带和清点，因而取代了其他货币形状，成为金属铸币的最普遍的式样。

秦始皇统一了货币，废除刀、布、贝等币，以秦币代之。秦币分黄金和铜钱两种：黄金为上币，单位为镒，一镒为二十两，一般用于大额支付和献纳赏赐等；铜钱为下币，圆形，中间有一个方形的孔眼，其正铸有"半两"小篆字体，就是有名的秦半两。此钱极为珍贵，是古钱收藏者必藏之品。时至今日，真正的秦半两已很难得见，成了稀世之宝。

汉朝仍以黄金和铜钱为货币，但以铜钱为主。铜币主要有汉半两和汉五铢两种。汉初使用半两钱，汉武帝时统一于五铢钱。五铢钱是方孔有内外廓的圆钱，重量和钱面文字都是五铢。西汉末年，王莽篡权，短短的十几年中，对货币制度进行了四次大的改变，前后共发行货币30多种，最后由于"货泉"重五株，与汉五铢钱同重同值，才被接受下来，得以流通，一直到东汉光武帝恢复铸行五铢钱止。

唐朝下令废止五铢钱，铸造了一种新式的方孔圆钱，其文为"开元通宝"。从此开创了以宝文名钱制，钱不再以重量命名。第一枚开元通宝的钱文出自唐大书法家欧阳询之手，书体接近隶书又含楷意。不少开元通宝的钱背上有形似指甲痕的月纹，据考证是一种钱炉的识别标记。唐钱除开元通宝外，后来还有乾封泉宝，乾元重宝、大历元宝、建中通宝、会昌开元。其中会昌开元钱是以后"记地名"钱之始。

宋代钱的最大特征是铸钱数量多，种类繁多，钱文书体多样化等。宋代诞生的交子，是世界上最早的纸币，这在中国货币发展史上是一次进步。在宋朝时，中国北方的辽、西夏、金等少数民族政权也铸行过有自己独特风格的钱币，它们是中国古钱的一个不可分割的部分。

自秦以来，在中国流行达数千年之久的铜币均为方孔圆钱。但到了清代，它逐渐为铜元所取代。铜元是清末以来所铸的各种新式铜币的通称，它与传统的方孔圆钱不同之处是中间无孔，故又俗称"铜板"。清代铜元主要有两类：一类是广东造的"光绪元宝"，另一类是"大清铜币"。清朝末年还仿外国银元开始铸造银收藏古币，对于各个朝代古币基本常识的了解是非常必要的，这对于鉴定古币有直接指导作用。但是，只从理论上了解是不行的，必须有实物来对照了解，才能真正把握。对于有些实物货币的鉴定还可参照一些图谱，因为真正的实物货币有些可以比较容易见到，有些珍品是不易见到的。一些书籍上的图谱有的是原大，有的不是原大。对于一些不是原大的图谱也不要放过，虽说在尺寸上不是原大，但是在形制、纹饰、钱文等方面仍然有很大的参考价值。

古钱鉴定常识

古钱鉴定，就是用科学的方法来分析、辨别历代钱币的真伪，包括铸造时代、流通区域、版别、币值、特征、形制变化和冶炼成分等。目的在于确定古钱的文物价值和经济价值。古钱鉴定是一门学问，而且是一门需花费很大精力才能掌握的学问。作为一种休闲方式的鉴赏来说，就需要在休闲生活中慢慢熟悉和掌握，不要过于着急。

古钱鉴定的依据是很多，也很烦琐，作为休闲方式的鉴赏，则要从主要依据入手，然后慢慢细品，逐渐掌握。一般主要依据如下方面。

形文特征

不同时期或不同时代的古钱，在形制（指古钱的造型结构）和钱文（钱的文字书法）上都有自己的风格。古钱形文特征因为具有时代风格，才能从形文特征上鉴别其时代或时期。这是鉴定古钱币真伪的比较科学的方法。正因古钱的形文特征如此重要，所以古钱的作伪首先也是表现在钱币的形制和钱文书体上，因此在鉴定中一定要注意这种作伪的各种表现手法。

版别区分

凡形制和钱文极为相似的称为一种版别。古钱版别的形成原因主要是由于古钱铸钱工艺条件。研究版别可以对某一时期某一地区的钱币风格有深入了解，可帮助鉴别文字、形制与时代不符的伪品，也有助于发现罕见的古钱珍品。

铸币工艺

了解不同时期的铸币工艺，可以帮助在鉴定古钱时认识铸币工艺所反映出来的铸币质量、形制特征，甚至成色等时代特征。一些伪钱之所以在形制、钱文上留下种种破绽，很大程度上是对不同时期的铸币工艺所体现的特征缺乏研究，而且由于铸币工艺与古代不同或无法相同而缺乏那个时代的铸币工艺特征。因此，以铸币工艺为依据，是鉴别古钱真伪的重要方面。

除了上述主要依据外，鉴别古钱还有一些辅助依据，大体有以下几点。

辨锈

古钱因年代久远，表面会有铜锈。作伪者也正是看中了这一点，也用种种方法做出伪锈，以假乱真。因此，辨别铜锈的真伪也是鉴别古钱的重要着眼点。真假铜锈的一个显著区别，就是真的铜锈深入铜质内部，与铜质紧密结合，而且不易剔除。而伪造的铜锈都是人为的涂粘加工，浮而不实，容易剥落。就是故意埋入土中生的铜锈，也易脱落。如果伪锈是因化学腐蚀而产生，则铜钱上的小砂眼会被腐蚀成坑坑点点，与真锈有明显的区别。

辨色

观察铜质自身的颜色，也是鉴别古钱真伪的重要方面。由于各个时期（时代）的铸币工艺和币材各不相同，因此铸币的成色就有区别，由这种成色的区别又能鉴别出铸造的时期或时代。如色泽青黄的古钱，一般来说是青铜铸造的，那就可以大致断定是先秦以后明代以前的铸币。而明代中叶以前的青铜铸钱，颜色带红。明清时期，开始用黄铜和白铜。如果发现早期的古钱是用后期才有的铸印材料铸造，即成色与时代不符，就有造假的可能了。

辨声

辨声就是依据钱币敲击后发出的不同声响，来辨别是否新铸的钱币。新铸的伪钱，未经氧化，其音尖脆，余音回绕。而久经流通的钱或出土的钱，火气已脱，音色均较深厚，余音短促。

辨味

出土的有锈色的钱带有一种土香，而伪造锈色的钱带有一种臭味或松香味、胶水味，用鼻嗅之也能辨别。

古钱保养常识

古钱的保养是一项专门的技术，对于休闲者来说，对其所收藏的古钱也有一个妥善保养的问题，但只要了解一些基本常识就可以了。

对于古钱上的污泥，可用牙刷（或其他小刷子）轻轻刷去，然后用清水冲洗干净即可。处理古钱上的锈斑，可将古钱放在米醋盘中浸泡一昼夜，待铜锈脱落后，用刷子将残余的锈斑刷掉，最后用绒布擦干净。

收藏的古钱最好装在盒子里。各枚古钱之间用软质材料隔开，以免互相碰撞，然后用绒布包裹起来，放入盒中，置于通风避光处就可以了。欣赏古钱时最好不要用手拿，防止汗渍腐蚀钱币。对于一些较名贵的古钱，不要经常翻动，可制成拓片或照片以备欣赏。

书画收藏

书画（书法、绘画）的收藏和鉴赏，是一种历史久远、具有相当高的文化品位的休闲活动，休闲生活中以此为休闲方式，不但要有丰厚的文化历史知识，而且还要有一定的书画素养，并需要有相当一笔经济开销。这是进行这项活动时必须考虑的。

当然，如果平时对书画十分爱好，又有一定的书画修养，或者虽不会作书画，但是对书画鉴赏有一定爱好，在经济不太宽裕时，也可以书画为休闲方式，具体方法是降低收藏标准；或是专门收藏本市一些名家的作品（当然是指中小城市）；或是专门到书画市场收藏一些价格低廉的作品。这样的书画收藏也能引来一番特殊情趣。

无论是何种收藏，都需对书画常识有一定的把握，下面就简单介绍一下其中的基本常识。

书画鉴赏、收藏小史

中国书画收藏起于何时没有定论,但是根据一些文献资料整理,可以大致看出一些发展踪迹。

根据春秋战国时期宋国已经拥有专门为国君作画的"画史"来推测,当时可能已有专门负责管理收藏和鉴赏"画史"创作作品的机构,当时可能与专录文字的典籍一起进行收藏。据唐朝张彦远《历代名画记》载:"汉武创竹秘阁,以聚图书。"这里的"图"是指何而言,当然还有分歧,但是包括一些书画作品是完全有可能的。

魏晋南北朝时期,由于书画作者逐渐发展为文人群体,其作品的艺术性和文化层次大大提高,于是书画作品便成为帝王精神娱乐的需要,因此对书画的蓄藏数量大幅度增加。由于绘画从壁画又发展为卷轴,也更加便于收藏。据文献记载,东晋桓玄尤好收集古代名画,公元403年,他废晋安帝之后,将皇室所有名画尽归己有。收藏书画的记载还有梁武帝萧衍、梁元帝萧绎等,可见当时书画收藏的风气。

隋文帝杨坚灭陈之后,即命人接受陈的800余卷法书名画。迁都洛阳后,隋炀帝杨广在观文殿后建造珍藏法书的"妙楷台"和收藏名画的"宝迹台",以便于随时观赏。他还下令官员负责整理这些书画藏品,以后这些书画藏品尽归大唐。唐王朝建立后,李渊将隋两都藏画以及从王世充、窦建德处获得的书画并收一处,用船运去京师,但由于中途出事,所剩仅有1/5,以后这些作品连同其他作品一并被收入内府,当时统计所藏法书、名画达298卷之多。

唐朝时私家收藏书画也开始兴起。其中较为著名的有萧王禹、徐峤、薛稷、许善心和王方庆等私人书画收藏家。其中有的注重审定,有的旨在收藏。五代时也出现了一些私人书画收藏家,并将书画鉴定行家称为"眼"。

宋代十分重视古书画的征集和收藏工作,采取各种方式,通过多种渠道搜集古书画。除了皇室鉴藏以外,私人收藏古旧字画之风到了宋朝也相当兴盛,当时由于社会上书画作伪之风很热,因此这些私人收藏家都通晓一些古书画的鉴赏常识,有的还是一些高手。

元明清时期,除官府重视收藏外,私家收藏也相当兴旺,特别是明中期以后，贵戚重臣、太监、地方豪绅也相当重视书画的私人收藏。当时，著名的官宦收藏家首推严世蕃。精于鉴赏的收藏家有华夏、项元汴等。

清代的私人书画收藏就越发兴盛。人数也相对增加，其中最著名的是梁清标，他在清初曾任相国。梁清标极富"眼"力，收集了一大批古书画珍品，其中包括唐阎立本《步辇图》卷、周昉《挥扇仕女图》卷等。

由书画收藏、鉴赏的发展中可以看出，早期的书画收藏仅限于皇室，以后才逐渐过渡到官宦和民间私人。这也可以看出书画的收藏和鉴赏，与其他藏品的不同之处是书画作品是供上层人物消遣、娱乐、观赏之物，所以民间对其收藏是有一定难度的。也许正是因为历代官府收藏品散佚，才为民间收藏带来了一定的可能和条件。

书画鉴定方法和依据

书画鉴定主要是鉴定出真品，自古就有以假充真，伪造假冒，盗用名家名款、印章等作伪现象，对书画收藏、观赏带来了极大的危害，稍不留意，就会给收藏者带来巨大的损失。

书画作伪起源于何时没有明确的考证，但从一些文献的记载来看，至少在初唐时已相当普通。在武则天统治时期，张易之、张宗昌兄弟乘整理内库之机，摹制大内书画，鱼目混珠，偷梁换柱，则是有史以来大规模的一次书画作伪活动。以后，历史上书画作伪较为严重的时期主要是北宋中后期到南宋初期、明代中后期、清代后期。三个时期的共同特点是书画收藏买卖活跃时期，也是书画作伪较集中和严重的时期。其中竟有一些以书画作伪为专业者，并出现了大规模的地区性书画造假活动。如"苏州片"、"河南造"等。

书画作伪主要有两种类型：通篇完全造假；利用古旧书画真迹改头换面造假。通篇完全造假主要方法包括冒造、伪造、临摹等。冒造是指没有稿本，由专学某一家的造假者仿大意而作。由于造假者对某一家的笔墨风格较为熟悉，冒造的水平相当高，几乎真伪难辨。还有一种是任意冒造，然后署上大家名款。伪造是指有稿本，但在临摹中有部分改动，有的是摘用某一稿本，有的是用几个稿本的几部分加以拼凑或变化。临摹是指完全照某一稿本进行临绘，一丝不苟，有的还采用勾填的方法，即先比照着勾下来，然后再临填细部。以上造假之作，也不乏一些高手，如果是时代久远者当然也有一定价值，但毕竟是伪作。在收藏书画时，对一些比较有价值的伪作进行收藏，当然有一定价值，但却要鉴定出真伪来，并鉴定出作伪的年代。在通篇造假中也有一些水平相当低下的，鉴定时当然就比较容易区分。但对于书画初入道者或是经验不多者，是比较难于鉴别的。

利用古旧书画真迹改头换面造假这种作伪方法主要有控款、改款、添款、挪移画跋、拼凑画心、在真迹上作一些补添、将长卷割裂分成几段、揭裂画迹等。对于款识的改动，一般是将时代晚的改为时代早的，将小名头改为大名家。最巧妙者是在无款的画迹上根据书画风格特点相近，而将无名之作落为大家款识。而挪移画跋则是将原作与原作上的大家题跋分割开或是接到其他作品上去。揭裂书画，是指将质地较厚的一幅作品揭裱为几幅，一般是一揭为二，所以又称"揭二层"。

书画鉴定主要目的是要确定书画的真正作者、创作时代、书画作品艺术价值等，而对伪作的识别也主要是为了上述目的。因此在方法上主要有两种。

目鉴

目鉴是建立在熟能生巧的基础上的，这主要是靠长期的鉴定经验。靠直觉来识，也就是说，当时某时代某家作品的时代气息和个人风格烂熟于心后，一旦接触作品，立时有真假之别。这种方法主要靠悟性，但都不能保证十分准确，也不能保证不出差错。但是要具备这种本领，不是一日之功，而要靠长期的一点一滴的经验积累。这就更不是休闲生活中所能轻易达到的了。

考订古籍

考订古籍是一项相当繁琐和枯燥的工作，除了对作品中提供的有关依据要做大量考订工作外，还要考订一些有关的史料记载。这种方式一般来说证据较为充足，其难点是在各种史料面前如何判断和推理，由于其复杂的过程而往往使人举棋不定，不能得出一些肯定性的结论来。

应当强调的是，目鉴和考订虽各有优劣，但都是不能相互替代的，而只能是相辅相成地结合运用，缺一不可，而且需要几组目鉴和考订的反复过程。

书画鉴定的依据是多方面的，其中包括书画所表现出来的时代气息和作者的独特风格，书画作品的印章、题跋、装裱方式、所用材质，以及有关该作品的历史记载文献资料等。其中书画作品的时代气息和作者的个人风格是鉴定当中的主要依据，而余者则属于辅助依据。

作为主要依据的作品时代气息和个人风格，如想把握，既需要某一时代和个人的大量文献资料，又需要有作品表达形式、手法及一些技巧性的知识，而且需要有综合性的印象，并需贯注于目鉴和考订的实际操作过程之中。

综上所述，书画鉴定、收藏非一朝一夕之功，需在休闲生活中慢慢品味，细细把玩，并从中体会其中的情趣，千万不要由于浮躁而产生烦恼，那就失去了休闲的本意。

书画保养

书画的收藏和鉴赏，鉴定自然是贯穿全过程的，但是在收藏观赏中对书画的保养也是十分重要的。

收藏观赏书画中，对书画的保养如有不慎，会造成无可挽回的损失。其中特别是书画作品的材料，由于年代久远，或是保管中的不善，会发生霉变、虫蛀、褪色变质、老化发脆等现象。这些现象的发生往往都是由于平时的保管不慎而长期积累引起的。

因此，书画的保养关键是平时在管理和鉴赏中要随时做好一些应注意的问题。

在收藏书画时不要用手直接接触作品，在整理书画作品时要戴上手套，以免书画被汗渍污染和指甲划破等。在观赏书画时要避免阳光直射，在开卷闭卷时要动作轻缓，以保护书画从长远观点看不受损害。也就是说，对书画的保养要从平时的不易觉察中精心养护，在平时看来不是问题的，累积起来，就会成为问题，这是特别需要注意的。

书画在存放时，要特别注意防潮、防光、防尘。书画珍品最好是放进囊匣中，置于暗处保存，不要轻易见光。

书画如被泥土、墨水、油脂等弄脏，要进行适当处理。一般是采取干擦的方法，即用软性的毛笔或刷子轻轻将不洁物干擦掉。如果污斑严重，可用棉花或洁净的毛笔蘸些清洗剂将污迹擦去，并用清水蘸洗，去掉残留的清洗剂，并用吸墨纸将水吸干。

为了防止书画霉变虫蛀，可对书画作品进行事先消毒。一种方法是用杀菌、杀虫剂进行熏蒸，另一种方法是将防霉杀菌药纸夹在书画中。

书画如已出现蛀孔、裂缝或残缺，可请行家进行嵌补。但是一定要注意不要损害了原作。

书法

近代学者严复曾说过："临帖作书，可以代体操。"由此可见，写字看似容易，其实需要手、眼、心、气相配合，腕、臂、肩乃至全身相协调。运笔过程中的轻重、缓急、顿挫、提捺、连断、转折、停留，都极富有节奏感和旋律，确是一项十分有益的休闲活动。

习帖练字是一种高深的艺术、气功、实用三者完美合一的休闲方式。其功用就在于是陶冶情操，调养心性，增强体质，延年益寿，提高艺术素养，加强多方修养。

书法能修身养性，不但得到了一致认同，而且也取得了科学证明。现已有学者对此运用了科学仪器进行科学的验证，得出的结论是：书写者在作书时呼吸会趋慢，呼吸周期时间变长。特别是在书写篆、隶两种书体时，吸气时间甚至超过呼气时间。在书写过程中心律也会减慢，其幅度以摹书最大，临书次之，自写为最小。换句话说，写得愈慢，特别是一笔一画书写时，心律降低幅度为最大。同时得出结论：书写者在运笔过程中，血压会逐渐降低，尤其是具有长期书法经验的人，其书写过程中，血压降低的程度明显要比书法经验不足的人要大。同时还证明，书写者在书写过程中，其脑电波活动率有效地高过书写前与书写后静坐时的脑电波率。这些科学研究的结果，有力地从科学角度证实了书法修身养性的功用。

书法的书写过程是一种独特的气功修炼过程。在书写过程中可以排除一切烦恼和忧虑，集中全身的精力，巧妙地运筹全身的精气，犹如打太极拳的屏气呼吸，出入丹田，将全身的气力通过笔端输送到字里行间去。这就自然会通融全身的气血，使体内各部分机能得到调整，使大脑神经的兴奋与抑制得到平衡。从而使手臂与腰部肌肉得到充分的锻炼，加快周身的血液循环与新陈代谢。

事实也证实了上述结论的正确，自古及今，书法家长寿者不胜枚举。历史上最负盛名的颜、柳、欧、赵四大书法家中，就有三位年过古稀。现代书法家中，郭沫若、于右任都活到86岁。

同练气功和打太极拳一样，要想通过练书法达到怡情养神的目的，必须像掌握气功的功法，打太极拳的招式一样。执笔的方式，运笔的姿态，以及书写时对心情的调整都要准确到位。书法中讲究"不激不厉"和"心手双贴"的要领，具体说就是要达到以下四点。

书写时要心情舒畅，意气平和。从从容容，切不可在浮躁之中勉强从事。

书写时要精神集中，气要调匀，调畅，筋骨要放松，切不可用力太过和不足。

书写时身体要坐正，含胸而不驼背，切不可伏案而写，用毛笔书写有时需要站立悬笔运腕。

书写时笔要拿稳，轻松自如，运转灵活，挥洒自如，切不可过急过重。

毛笔书法

毛笔书法是我国传统书法形式，在硬笔书法出现前，所谓的书法就是专指毛笔书法。毛笔的使用可以追溯到殷商时代，汉代由于毛笔和纸张的改良，书法艺术得到了发展，同时涌现出了一批著名书法家，如蔡邕、崔瑗、张芝等。隶书已经是完成了从秦隶到汉隶的转变的一种书体，由隶书的快写而形成的章草，是今草、行书和楷书的萌芽。同时，汉代书法发展的重要标志是不仅仅实用，而且已成为独立的艺术，具有了较高的欣赏价值。魏晋南北朝则是书法艺术空前昌盛的时代，书法家辈出，收藏、品评书法之风很盛。著名书法家钟繇开晋代楷书的先河，世称"二王"的王羲之、王献之父子的书法更是名垂千古，南北朝著名的书法家有尚智永等。中国书法的发展在唐代是繁荣昌盛时期，在真、草、行、隶、篆等书体上都有很大发展，涌现出了虞世南、欧阳询、诸遂良、薛稷、颜真卿、柳公权、张旭、怀素和尚、李邕等一批成就极高的书法大家。宋代则出现了苏轼、黄庭坚、米芾、蔡襄（世称"苏黄米蔡"）等书法大家。元代书法则以赵孟頫为代表，对后世有较大影响。到了明清两代书法艺术都有个性发展。现当代书法艺术则是根深叶茂，名家层出不穷。从毛笔书法发展史来看，毛笔书法艺术可以说是一门博大精深的学问。因此，对书法的欣赏也是一门高深的学问。作为休闲方式的毛笔书法欣赏倒不一定要成为书法艺术的鉴赏高手，但对鉴赏书法的知识则需掌握。

毛笔书法基本常识

首先要学会识别真、行、草、隶、篆五种书体。真书，也称楷书，是产生最迟的一种书体。它的特征是形体方正，笔画平直，易认易识。其中又有小楷、中楷、大楷之分。行书，是一种处理真书和楷书之间的书体，它比真书书写起来迅速，比草书书体易识别，也是日常生活中被大量应用的一种书体。真书偏于楷书的又称为"行楷"，偏于草书的则称为"行草"。草书，具有书写快捷，偏傍相互借用，上下字之间的笔势牵连相通的特征。一般又分为大草、小草、狂草等几种。隶书，隶书是从篆书演变而来的一种书体，它简化了篆书中的繁难字形，又把篆书的圆转笔变为接近方折，多是藏锋笔法。篆书，其中又分为大篆、小篆，多是中锋运笔，书体字形繁杂，没有篆书的专门功底，一般来说很难辨认。

其次要掌握毛笔书法的欣赏要领，以下几点是必须掌握的。

笔法，笔法有方圆之分，也有方圆并用的。好的笔法一般来说有停蓄，要求做到蓄而不发，能留得住。各笔画还要有疾徐快慢之分，形成一定的节奏感。

结字，结字指字的形态结构。结构的要求是，每个字都要在结构上有一定的巧妙安排，体现出单个字的个性美，如每个字的偃仰向背、阴阳相应，鳞羽参差以及避就、顶戴、穿插、意连等，字的结构和笔法如果结合得好，则使字经久耐看。如果字的笔法和结构不当，则会使字初看尚可，再看则次之，也就是经不住看。

墨法，运墨好坏直接关系到字的艺术效果。古来书法家历来重视用墨，讲究运墨一定要"带燥方润，将浓遂枯"。通常来说楷书的运墨要求停匀，行草书则要求运墨要有较多的变化。

章法，主要讲的是字与字，行与行之间的关系及整幅作品的整体安排。章法讲究气，要求整幅作品一气呵成，即通幅作品笔法、结构、墨法既要有变化，又要贯串一气，同时要疏密得当，即所谓的"疏可跑马，密不透风"。

此外，毛笔书法还讲究格调、灵气、神韵等。这些都是就整幅作品的风格、气度、节奏和韵律而言，同时也指书法家本人的艺术修养在书法作品中体现出来的个性特征和艺术灵性。

毛笔书法的学习要领

在休闲中学习毛笔书法，最好是从临帖开始，而且最好是从学习楷书（即真书）开始。字帖的选择要根据每个人的基础和爱好来选择名帖。字帖选定后，可采取描帖（即将纸铺在字帖上照着描）、临帖（将字帖放在一边照着临写）、背临（即在临帖的基础上，将字帖拿开，凭记忆临帖）等步骤，这是一个由易到难的过程。临帖要认认真真。一笔一画都不能含糊，在临帖的过程中要随时分析所临之字的点画、结构、运笔、章法等特点和规律。对于一些较难掌握的字，要反复临写，慢慢体味其中的道理。

在楷书有了一定基础之后，可再根据自己的爱好，选择其他书体来学。时间久了，慢慢总结习字的经验，可逐渐走上创作的道路，并形成自己的书法风格。

书法休闲有喜有忧，当写得顺手时自然高兴，写得不理想时自然会产生烦躁情绪，但是要切记，书法休闲中千万不要自寻烦恼，如若不然就超出了休闲范围，也就无"闲"可"休"了。

硬笔书法

现代人喜爱书法并不是人人都想成为书法家，他们的书法爱好首先是建立在对书法的实用性基础之上，即写一手好字。正如俗话所言："字是一个人的门面。"同时，现代人对书法的哲学、心理学等各方面的了解，就越发丰富了将书法作为一种不可多得的休闲方式。非但是单纯的书法观念的变化，所用工具也发生了极大的变化。钢笔、铅笔、圆珠笔等硬笔代替了毛笔，普通的书写用纸代替了专门书法之用的宣纸。这种变化，也反映了人们对书法艺术的一种新的理解，即不是单纯从艺术角度来欣赏书法，而是在实用美中学习书法，在休闲中练习书法。当然，现代的硬笔书法仍是古代的毛笔书法的继承发扬，但同时也有质的创新。传统书法在现代生活中保存着极高的艺术地位和鉴赏价值，但是也不容否定，现代的硬笔书法也自有其不得不承认的艺术价值。其中最大的变化就是书法艺术的极大普及和实用性与艺术的完美结合。

硬笔书法自然是由来已久，如果与毛笔书法相比，刻在龟甲和兽骨上的文字，当属硬笔（刀）书法，那么毛笔书法就不能不屈居第二位了。但是，平心而论，硬笔书法的真正确立，还是近些年来的事，特别是20世纪80年代的事。硬笔书法在20世纪80年代被确立的标志是：学习硬笔书法的人越来越多，特别是一些书法界的老前辈，中青年书法家也参与了硬笔书法活动之中，出版界正式出版了许多硬笔书法方面的图书，硬笔书法刊物也相继问世。全国范围内的各种规模的硬笔书法大赛和展览举办了几百次之多。很多地方建立了地区性或面向全国的硬笔书法组织。多种新闻媒介对硬笔书法进行宣传，并发表无以数计的作品和理论文章。

在硬笔书法中，要属钢笔书法的影响最大了，这许也是因为钢笔是现代生活中最主要的书写工具的缘故。正如人们在日常生活中使用毛笔一样，首先注重的是实用美，然后才是艺术美。目前，硬笔书法也许正处于实用美的阶段，其艺术美还仍然没有脱离开毛笔书法审美的影响。相信在不远的将来，以钢笔为主的硬笔书法将会进入独立的艺术之美的境地之中。

人们在休闲之中采用钢笔（当然也包括其他的硬笔）来练习书法，就工具和材料来说是更为方便一些，有无毛笔书法基础的人都可以学习钢笔书法，确实极大地方便了休闲者学习书法之乐，也引发了更多的书法休闲爱好者。

下面将硬笔书法学习的常识性知识介绍一下，供练习时参考。

首先要掌握的是硬笔书法的正确执笔方法，大拇指与食指捏住笔杆，中指的第一关节处抵住笔杆，握笔部位距笔尖约4.5~5厘米。无名指与小指依次自然地向掌心弯曲，顶住中指指头，并轻抵纸面，起托助作用。笔杆后部要斜靠在虎口右上方。笔尖与纸面呈50°角左右。大拇指、食指、中指握笔松紧要适度，以使笔能运用自如。

应当说明的是，上述硬笔的执笔方法是就一般情况而言的，并不是绝对的。各人可根据自己的书写习惯参照上述方式掌握好握笔方式。总的原则是要能在书写中灵活地调动腕部的力量为宜。

硬笔书法的学习要领同样是从点画学起，初学者必须全面掌握所有点画的要领，这样才能把每一个字都写好。这点非常重要，其原因就在于，点画凡是会写字的人都会写（硬笔书法所用工具又是每一个会写字的人都掌握的，不像学习毛笔书法，一开始用毛笔写字连点画都不会写）。由于过去只顾会写字，而没有过多注意写好字，所以虽会写点画，不见得能写好点画。因此，在练习硬笔书法中一开始就要注意纠正自己过去的点画习惯写法，下番苦工夫掌握好点画的正确写法。点画练习应先学横、竖、撇、捺，然后再练习勾、挑、折、点，循序渐进，逐一掌握。

点画掌握后，就要将重点转移到单字的肩架结构上来。能否将点画具体地应用到每个单字的结构上来是非常重要的，如同掌握点画一样，字人人会写，关键是写不好，写不美。如果不从头学起，一字一字地掌握字的正确间架结构，那么正确的点画也就没有用武之地。需要说明的是，点画写好了并不像用零件组装机器那样简单地一装就可以装出一个好看的字来。而是要以点画为基础，找出每一个字的独特优美结构来。

字的结构掌握后，还要进一步掌握章法，即书写艺术性，而这种书写艺术性则要通过理论上和各种文化、艺术素养上的提高才能见成效。

硬笔书法的学习，也有一个临帖的问题，只有经常采用照临、背临、默临等各种临帖方式，才能博采众家之长，融于自己的硬笔书法艺术之中。

绘画

绘画，从某种角度上说可以称之为是"美术"，即对生活的一种美化的艺术。当然，绘画仅仅是运用色彩、线条、明暗、形体等基本手段，在二度空间内描绘视觉形象，反映生活，表达思想感受和审美感受的美术，而不是美术的全部。但是，它却是与生活联系最密切的美术形式。懂得如何欣赏绘画艺术，如何运用绘画艺术的基本知识来充实、丰富自己的生活，是人们休闲生活中不可缺少的方式和内容。最常见的如对自己服装的款式、色彩、图案的选择，及如何穿着搭配，就离不开绘画的基本知识；而对自己家庭居室的装饰装潢就更离不开绘画艺术思想的指导，在欣赏影视戏曲中，在阅读文学作品的封面、插图及整本书的艺术装中也离不开绘画艺术。绘画艺术的特殊功能，决定了它对培养人们视觉审美能力的作用。因此说，人们对自己绘画能力的培养，其实就是在训练自己对色彩、形体、线条、质感等方面的敏感性，完善自己审美的心理结构，是在培养、诱发人们的美好情感，净化自己的心灵。

人们在休闲生活中选择绘画作为自己的休闲方式，这是中国传统的休闲方式，也是世界各国人们共同的休闲方式。郑板桥的竹子，齐白石的虾，徐悲鸿的奔马，张大千的泼墨山水，这些艺术作品的美无疑是千古流芳。意大利画家达·芬奇的作品《蒙娜丽莎》，凯绥·珂勒惠支的版画作品，华君武的漫画作品，古元的水彩画作品，贺友直的连环画作品等，其艺术魅力无一不打动了众多痴迷者。中国的年画是进入千家万户的绘画艺术形式；而宣传画则更是影响极大的画种。因此，在休闲中广泛涉猎各种绘画艺术形式，是一种无与伦比的休闲方式。由欣赏而自己动手作画，则更会使休闲生活格外丰富多彩。当然，休闲生活中学习绘画，主要是为了充实生活，提高自己在生活当中的审美情趣，陶性怡情，大可不必为了使自己达到专业水平而使自己在精力上和体力上形成过分的负担，不妨轻松随意一些，尽兴就足矣。

绘画的种类是多种多样的，人们对各种绘画是有所选择的，这是因为绘画是人类最普遍的艺术活动,每一个人都希望通过绘画来表述自己对世界的认识。这就形成了各自的不同爱好。由于地域不同,种族不同,生活习惯不同,表达方式的不同,便形成了不同种类、不同风格、不同类型的绘画。

选择何种绘画作为休闲生活中的休闲方式,可根据自己的爱好来决定,只要是自己喜爱的画种就可以,不必勉强。

对已选定的画种,要深入研究,不断提高自己的欣赏水平,只有这样才能使自己的兴趣和爱好巩固下来。如有可能,还应逐渐学习和掌握该画种的表现技巧,达到不但能欣赏,还能创作的高层次。当然,停留于欣赏层次也是可以的,但必须注意不断提高欣赏水平,只有这样才能达到真正通晓某种绘画的程度,也才能为自己的休闲生活带来更多乐趣。

中国画

如果说书法表现了中国人的独特艺术价值取向,那么中国画则是全世界共同的古老艺术。但是,就中国画而论,则又显示了中国人在绘画领域中的独特取向。

中国画无疑是从古代陶器的图纹和汉画砖等脱胎而来的。然而真正意义上的中国画,则以魏晋南北朝时出现的中国山水画为始。中国画由山水到花鸟草虫的发展演化确立了其独特的以画抒情,以画述意的审美情趣。中国画后期的发展,有浓厚的道家和禅佛风味。但是,总的来说,中国画对人主观意识的强调和肯定,将画作为一种释放心理能量的精神寄托和精神愉悦的倾向是十分突出的。

现代的中国画融合了许多西方绘画艺术的风格和技巧,如抽象、影像等风格技巧的融入渗透,使中国画又呈现出在传统的基础上的千变万化。但无论怎样变化,中国画仍然是中国画,其博大精深的抒情达意象形的基本风格则是千古难变的。

中国画有独特的品位,这主要表现在如下几个方面。

一是中国画工具及材料上的特色。概括来说是笔墨纸砚这些都是中国所特有的。中国画笔分长、中、短锋三种不同型号的毛笔,按弹性分有强毫、兼毫和柔毫;墨分油烟和松烟二种;纸是宣纸,分生宣和熟宣二种。生宣吸水、化水性好,宜作写意画,熟宣不化水,宜作工笔画;

砚是磨墨的必备工具，以纹质细腻而又易出墨为上乘。此外，中国画所用颜料以矿物质和植物质为主。近年来除了墨有改用墨汁的，颜料有改用其他画种如水彩、水粉，别无变化。二是中国画在构图上一般来说是采用散点透视法，即不是从固定的角度来观察对象，而是从不同侧面，不同角度观察对象，并能统一融于整个画面之中。三是在立意上，中国画主张的是"以形写神，形神兼备"，"妙在似与不似之间"，主张一种传神写意，追求气韵生动，形神兼备的效果。四是中国画有自己独特的几种主要技法：写意笔法，通过简练的笔法画出物象的神形，以表达神似的深邃意境；工笔笔法，以工整细密的笔法来描绘物象；白描笔法，用墨线勾描物象，不着颜色；水墨笔法，以笔法为主导，充分发挥墨法的功能，以取得"水晕墨染"的特殊效果。上述笔法又以独特的勾、皴、点、染的具体用笔之法，和干湿浓淡的具体墨法，及虚实疏密、留白等特殊的表现技法为突出特点。这些都是其他画种难以企及的。五是中国画常常以诗、书、印入画，这是中国画长期文化传统形成的独特之处。六是中国画在装裱上常常以卷轴、册页、扇面、屏幛等形式来装饰，也是别具特色的。此外中国画还以独有的山水、人物、花鸟为画科，也是一种独特的方式。

　　欣赏中国画是绘画休闲方式的一种。欣赏中国画要在掌握中国画的特色后，依照中国画的欣赏方式入手，否则就会出现"不识庐山真面目"的情况。如中国画主张散点透视，如果以焦点透视来要求，则会出现中国画不合乎透视要求的误解，其实这正是对中国画散点透视法长处的误解。再如中国画主张神似，特别是写意笔法，如果对此没有了解，则会出现以形似苛求的误解。再如中国画讲究诗、书、画、印四者的完美结合，如果不了解这种文化传统，则无法真正理解画所传达的意旨所在，同为抛开"诗、书、印"三者。而单纯赏画，则肢解了中国画的完美整体。此外，还需对我国的文化、风俗、历史等知识有一个全面的了解，方能真正说懂中国画。因此说，在休闲中以赏画为主，可以增加无数知识，也会从中品味出中国画的独特神韵，是一项相当高雅的休闲方式。

　　首先，由欣赏中国画引起兴趣，进而跃跃欲试，想学习中国画，则是以绘画为休闲的一种水到渠成的进展。但是要切记以中国画为休闲的学习，和以专研创作为主旨的学习断不可混为一谈，否则就会使休闲错位。其中的主要区别就在于作为休闲方式的习画，是以陶情怡性为主，也就是要在习画中求得一种休闲之趣，而不是要使自己的画作达到某种高水平的作品，这是在习画时要特别把握的。

其次，休闲式的习画，要兼具以欣赏为主的习画方式，即最好是以临摹名作，或是从自己在欣赏作品时最钟情的画作入手。就像学习书法临帖一样，对着自己所选定的画认真临摹，要边临边体会原作的用笔用墨之法。开始时可从册页入手，有了一定基础再临大幅的转轴。对着原作临摹一段时间后，可逐步学着背临或默临，这也是学习中国画的一种基本功力。当然，一般休闲之人很难有对原作临摹的机会，可找些印刷品来代替。如果有条件可多参观一些画展，在参观画展时可着重观摹原作用笔用墨的技巧然后当场或回来背临，这样就能进步大，收效快。

通过临摹，掌握中国画的基本技巧和构图规律后，还可借着旅游或其他机会进行写生锻炼。这就能使自己的画功大有进展，所谓师法自然就是这个道理。中国画的写生功夫也有自己独特之处，那就是先细察默记，不立刻画下来，而是回来后靠默写达到写生的目的，这也是个硬功夫。按照中国画的传统，这种写生对习画来说是进步最大的一种。

经过临摹和写生后，就可自然过渡到创作阶段了。创作阶段是习画的高级阶段，此时不仅要求具有一定的中国画技法功底，而且还要掌握中国画表情达意的特殊表现手法。作为在休闲中搞中国画创作来说，或是应朋友之邀，或是参加展览，无论是何种情况，都不要过于勉强，而主要是应当找准自己学画以来的艺术感受，以能抒发自己的胸臆为主，不到一定程度（如已达到一定专业创作水平），千万不要惨淡经营，那样就失去了休闲的目的。因此说，休闲中的中国画创作，最好能浪漫、潇洒地创作为好，不要在作品的艺术价值，或是产生的社会轰动效应上过多地考虑。其实以休闲的心态表达出的形象，是自己艺术修养本身的一种自然流露，这其中是不乏独特的艺术价值的。正所谓有意栽花花不活，无意插柳柳成荫，中国画讲求的就是那种自然流畅之美和超脱潇洒的艺术形象。

就世界范围内来说中国画确实是个性鲜明，而又有着久远传统的一种独立画种，不但是中国的国粹，也可以说是世界绘画史中占有相当地位的一个画种。

中国画的成熟，是有其发展过程的，它的初始阶段，也同其他画种一样，仅仅是作为记录客观对象的一种手段。随着中国画的不断成熟和发展，才逐渐成为一种艺术表现形式。

下面仅以中国画中人物、山水、花鸟三大主要画科的发展过程，来简要地叙述一下中国画的发展简史。

人物画

人物画泛指一切以人物或与人相近形态的神道鬼佛为题材的绘画，也包含了中国画发展中那些以人物形象与人物活动为主要描绘对象的各种绘画门类。由于人物画直接以人的形象或活动为描绘对象，因而它更易明确地表述人类特有的姿态、情绪与行为。所以，人物画在中国画中最先发展，首先独立成熟是有其道理的。

人物画将静止的平面绘画形象与人生过程相参照，突破了绘画在时间表述方面的局限。因此，从西周末年到春秋战国，大约600年的时间，帝王对礼仪的规定确立了绘画的文化职能，绘画作为社会等级的标志受到了极度重视，再加之文字尚处于形成阶段，绘画就以它特有的存形手段成为可以记录历史，描绘事件的重要方式。因此说，这一时期是人物画发展成熟的关键时期。这一时期人物画的特点是采用勾勒涂色的技法，造型生动简明。

秦汉之际的人物画有了明显的分工，一方面，加强了肖形功能，作为表彰人物功德的肖像画，甚至作为记录人物长相的手段来使用。汉代的凌烟阁、三台均作为追感前世功臣而绘制肖像作为纪念表彰的地方。另一方面，由于文字的统一，使许多描述人物形状的绘画渐渐变成了统一的描绘场景的程式画面，许多神灵仙怪的描绘则靠其特殊的长相来标志。汉代人物画的风格，一般来说是绘画人物平列，动势明显，用笔飞动流畅，对于人物的某些细部刻画有独到之处。

从魏晋南北朝到唐代，人物画吸取了佛教艺术的精华，充分总结了中国画的表现技巧，创造了中国人物画最灿烂的时代。其中东晋画家顾恺之，对中国人物画的发展作出了不朽的贡献。顾恺之主要的成就在于提出了系统的人物画理论并且创造了特殊的用笔技巧，使人物画从原来的"存形"功能进一步发展到"传神"的写照方面，使中国画的"笔法"能独立而成为影响绘画发展的艺术语汇。这一时期出现许多人物画画家，如吴道子等。其中顾闳中的《韩熙载夜宴图》是人物画中的珍品与杰出代表作。

从唐末到宋，人物画发生了极大的变化。由于山水画的全面成熟，不少人物画渐渐地将人物主题安排于山水林木等环境之中。在人物画总体趋于衰落的同时，也创造出具有特殊风貌的人物画作品，并极大地完善了人物画的表现技巧。其中有代表性的画家是李公麟和梁楷。李公麟发展了白描手法，将其运用到人物画上，达到了空前绝后的水平。梁楷的减笔及泼墨，也为后世写意画开一代新风。

元明清三代，一类是以画肖像著称的人物画家；另一类是以特殊的形色技巧著称的人物画家，如陈洪绶就以其奇特的造型，古雅的笔法，新奇的构图，使人物画富于装饰情趣。这一时期的许多著名画家也兼长人物画，如唐伯虎、任伯年等人。近现代的人物画则在一定程度上吸收了西洋绘画的某些技巧和表现手法。

山水画

山水画的发展成熟晚于人物画而早于花鸟画。一般认为，中国山水画在魏晋南北朝时已逐渐出现，到了隋唐之际已成为独立的画种，并产生了所谓青绿山水和水墨山水。五代至宋是山水画兴盛并成为画坛主宰的时代，完善的皴擦点染等技法与各种表现手段结合，使山水画成为中国画中的最大画科。元代开始，山水画开始转向写意，创造了许多特有的笔法和墨法。同时，着重以笔墨神韵为先，以虚代实的"浅绛山水"的出现，开了一代山水画的新风。明清之后，在总结前人山水画技巧的基础上，形成了一整套绘画程式。山水画程式技法对普及山水画固然有一定有利条件，但也在一定程度上束缚了山水画的创新。

虽然山水画的出现相当晚，但是，从远古时代开始，以农耕为主要的生产方式必然对山川草木怀有特殊的眷恋之情，他们将自然作为人类最重要的依存。但是，山水给人多方面的感受不能靠简单的形色来作象征性的观念解说。汉代画系砖石中的山水描绘只能是自然情境的一种平列。

魏晋时代，当山水之游成了一种社会风尚，山水诗也成了文学创作的重要体裁时，绘画中也就自然越来越多地出现了对山水的描绘。这些早期的山水绘画虽然多数仍作为人物故事画中的场景，十分稚朴，但毕竟是早期绘画中的山水之作。直到南北朝时期，山水画才取得了独立的发展，出现了有个性的山水画家和关于山水画的理论著述。隋代画家展子虔所作的《游春图》是现在能见到的最早的山水画作品。在这幅作品中改变了古法中对山水描绘的不足，用勾勒填色加点染的方法构成了山水画独立画种的地位。

唐代是山水画发展变革时期。自盛唐开始，山水画变描形涂色，为重视画面形色与用笔的变化，如"皴"法的出现和创造了一种"青绿山水"的画法，使山水画作为中国画特有的艺术语汇而确定并得以发展。

宋元之际，特别是元代，使山水画上升到一个新的文化层次，成了后来山水画发展的基础。经过宋元画家的努力，山水画作为最广泛题材的画种已完全成熟。明清之际，山水画呈现出繁荣与多彩的面貌，出现了众多的风格流派。

目前，山水画仍是最有影响、最受重视的中国画科之一。

花鸟画

花鸟画在中国画中出现和成熟得最晚，但在后来的发展中却最为丰富多彩。一般而论，花鸟画出现于唐代。实际上，唐代花鸟画只是开始受到重视，停留于物象的描绘之中。花鸟画的真正发展成熟是在五代至宋。从五代南唐开始创立的宫廷画院，对花鸟画的发展有极大的推动作用。五代时蜀国的黄荃与南唐的徐熙是花鸟画主要风格形式的开创人。

黄荃的重要贡献是将当时勾勒染色的各种技法完善地运用在花鸟题材的描绘上。他的作品多以珍禽异卉为题材，描绘细腻生动，有极高的写实技巧。《写生珍禽图》是黄荃传世的唯一作品，这幅作品反映了中国画在花鸟画发展过程中高超的写实技巧。黄荃的花鸟画为以后的工笔花鸟画开了先河。

南唐的徐熙与黄荃齐名，但花鸟画技法却与黄荃不同。他独创了一种墨彩并施、互不相掩、草写杂施的"落墨法",他的这种技法为后世的"没骨法"的写意花鸟画开了先河。徐熙的作品多以野鸟、山花山草和蔬果等为题材。

美术史家对黄荃和徐熙的评价是"黄荃富贵,徐熙野逸",其反映在绘画技法上一是工笔一是写意,都为后世花鸟画的两大技法开了好头。

花鸟画发展到宋朝,已经基本上趋于成熟。北宋画家还将花鸟画题材扩展到对野生动物的描绘中,这是非常令人称道的。这主要是由于他们深入观察的结果。画家吴元瑜、易元吉等,往往游湖海,入山林,与野生动物为伍。

由北宋到南宋,花鸟画发生了一次转变,其关键人物是宋徽宗赵佶,他以科举办法选拔画家,并授以画家极高的待遇及荣誉,由此,逐渐形成了一种反映宫廷精美华丽雅致的审美趣味,工细的院体,风格逐渐成为画坛主流。赵佶本人也是花鸟画的高手,宋人花鸟画达到了工细状物之极。

元代的花鸟画,一直保持着在技法上的"工笔与写意并重"的发展途径。

明代之后,许多花鸟画题材受元代以后题材集中的影响(集中于"松竹梅菊"),花鸟画的寓意性加强。如牡丹、荷花等的富贵、高洁的寓意,这就加强了花鸟画精神的表达。元代画家王冕是画梅名家。他能以水墨画出梅花的神采与品格。元初画家郑思肖画兰花不画土,寓意国土被侵略者践踏,成为中国花鸟画史的佳话。明代的花鸟画家较著名的有徐渭。徐渭是明代后期重要的花鸟画家,在笔墨上又有新的演变,他充分发挥中国画笔墨纸张特殊效果而创立了水墨大写意画法,并重视诗文书法印鉴在绘画中的应用,巧妙地将诗书画印结合而成为东方绘画的独有特色。继徐渭之后,四僧之一的朱耷是花鸟画发展中具有最独特面貌与成就的画家。从艺术发展上看,正是由于朱耷的努力,才将写意画法的技巧提炼成为独立的艺术元素。

继朱耷之后,清代乾隆年间寓居在扬州的被称为"扬州八怪"的八位画家是最有影响的,其中的郑板桥和金农又是他们之中最著名的两位。

清末至近代，有影响的花鸟画家当首推吴昌硕，他将花鸟画中融进篆籀笔法，融金石味、书法趣于画中，使花鸟画达到了更高的境界。

近现代中，较有影响的花鸟画大家有齐白石等人。齐白石不但在意境题材方面广为开拓，将前人不能入画的题材入画，而且在技巧趣味方面也别开生面。

由于世代画家的努力，花鸟画作为中国画中特有的画种，其题材内容和艺术技巧都达到了相当丰富多彩的境地。

油画

油画就是以易挥发的油制颜料，画在布、木板或厚纸板上的画种。它是绘画艺术中最具综合表现力的一个画种，它以素描为基础，突出透视、比例、形体、色光、焦点等，能逼真地描绘事物，反映主题。油画需要有解剖学、透视学、构图学、色彩学和材料学的基础。油画强调写生，逼真地、真实地反映客观世界。在构图上，油画讲求黄金分割律，通过黄金分割律求出焦点，进行整体构图，从而改善造型视觉形象。

油画在我国又统称为西洋画，明代时传入我国，对部分画家产生过影响，民国时得以迅速传播。新中国成立后，油画在我国有了很大发展，已普遍被人们所接受。近些年来，一些家庭中也开始悬挂油画作品（近年又兴起悬挂临摹油画名作作品的热潮），可以反映出人们对油画的普遍欣赏。

人们在休闲中欣赏油画，或是学习油画，也是一种格调较高的休闲方式。与欣赏和学习中国画相比，油画的爱好者显然还不是太多的。

油画在欧洲有悠久的历史。由于它有较强的表现力，自从14~15世纪以来成了主要的一个画种。下面简要介绍一下有关油画的一些基本常识。

油画的材料和工具

油画的颜料品种繁多，它与其他画种的颜料突出不同之处是油质颜料，要使用亚麻红油、梓油等干性植物油来做调色油调色，利用松节油溶剂来稀释油画颜料。还有质量更好的调色油，如胡桃油、罂粟油等。美术颜料厂出品现成的油画调色油，可以直接选购使用。已画完的油画，待完全干透，表面还要涂上光油，使色泽更加光亮并起保护画面的作用。

油画笔一般都是猪鬃扁笔，特殊需要也可用狼毫尖笔或圆笔。

油画创作还要使用油画刀，其用途是刮画面、刮调色板，调颜色，或直接用来作画。

油画要画在油画布上，或是油画纸板上。平时练习或外出写生，可以用油画纸板，正式作画则要用油画布。

油画布一般要求绷紧在木框上才能作画。一般来说还需要有升降移动功能的画架。

油画的绘制过程

油画的绘制过程一般来说分成构图——画素描稿（一般是用木炭条直接在画布上画。也有人先画在纸上，待画好后再覆到画布上）——上大体色（一般说采取先涂大体色，然后再局部深入的办法比较稳健。如果上手就从局部画起，不容易掌握画面上总的色调和各部分的色彩关系）——具体表现（就是一部分一部分集中精力集中时间仔细地画，具体地塑造好形象）——调整统一（如果具体表现阶段绘制得很理想，这一步就不用花太大的力气。如果不理想，就需认真从总体和局部各方面进行认真调整以达到整个画面的统一）。

油画的表现方法

油画有其独特的技法。利用油画的材料和工具的特性形成种种油画技法，使油画能更充分地表现对象。

油画的表现方法可概括为两种类型，一是单层画法；二是多层画法。

单层画法：就是在颜色未干之前集中精力把画面中的某一部分描绘结束，以后就不再在这一色层上复加第二道色，其中不包括局部的改动。单层画法的特点是没有底色在下面起作用即不利用色层重叠所产生的效果，而是直接调颜色表现对象。其特点是容易保持色彩新鲜明朗，能够体现流畅的笔调。

多层画法：其画法是多次地复加色层。逐步地把对象表现得很充分的方法。这种画法时间较长，要分阶段进行。多层画法常常借助于底层颜色透露隐现造成特有的效果。使绘画效果层次极多，色彩异常丰富，形成丰富含蓄的色彩效果，巧妙地表现物体的质感或空间感。

油画的用笔，也有不同的手法，笔触应跟随形体来塑造。技术上比较成熟之后，用笔就可以得心应手。随机应变，加以创造性地运用。

总的来说，学习油画一般都是先画静物，后画人物，画风景则宜于随时进行。这是由浅入深、循序渐进的油画学习方式。

水彩画

有人曾这样比喻，如果说油画像宏伟的交响曲的话，那么水彩画就像富有诗意的抒情曲。一般来说，水彩画适宜创作巨幅作品，适宜捕捉那些瞬息即逝的一刹那来表现。

有人曾说过这样的话：以用色为主的中国写意画，既是国画又是水彩画。这话既道出了水彩画与中国写意画的共同之处，也说出了水彩画的主要表现特色和方法。水彩画是用水溶化了大部分透明颜料画在纸上，带着溶化在水分中的色彩来形成艺术形象的。它的特点是在作画时能挥洒自如，生动、清新、爽快是水彩画独有的格调。

在休闲生活中欣赏或创作水彩画，宜于很方便地表达自己的形象艺术感受和对周围所观察的形象的即时反映，是一种随时可以愉悦心情，灵活自由地表现生活的画种，对调剂精神生活、增强身心健康极为有益。

下面是欣赏和创作水彩画的基本常识。

水彩画的材料和工具

水彩画的用纸越白越好，表面要粗一些，最好有一均匀的小起伏或纹路，要表面能存水，又能适当地吸水。纸还要稍厚些，遇水不翘。

水彩画的笔有板刷、扁形羊毛或鼬毛笔、圆头水彩笔、加键大白云和狼毫小笔。

水彩画的颜料要有渗透性和抗水性。颜料的性能还要稳定，要有一定的耐晒度，使所画作品不易褪色。此外，更重要的是颜料的透明度还要好。

水彩画关键技法

水彩画的特点是对水分的掌握。因此，水彩画的关键技法是用水、用笔和用色。

水分的运用是水彩画技法中的关键因素。在水彩画的绘画过程中，色彩带水溶化带动附着在纸上，产生出各种奇妙的效果，使色彩产生了表达形象的生机。水彩画造型的虚实，色彩的衔接、转换，气氛的渲染，全靠对水的运用。

掌握水分的关键是掌握好第一遍用色和第二遍用色及多次用色的时间和笔中所含的水量，及纸纹的粗细、气候的干湿等对水量的影响。

水彩画的运笔也是个关键，不仅形体带笔来塑造，质感、运动感、节奏感、气氛和情绪，都要靠笔的带动，才能使水分和色彩在纸上表达出理想的艺术形象来。掌握用笔的技巧要靠长期的绘画实践，从大量的写生和创作中慢慢地体察，并逐步实现自己的独特风格。

水彩画一个是靠水，一个是靠色彩，通过笔的运用而表达在纸上。因此，水彩画中色彩的运用也是关键的技法之一。

在色彩的运用中，如何能够使自己的眼睛观察出对象的色彩是关键的一步。也就是说要掌握对象的光源色，要能够观察出依体面的转折而变化的色彩，随周围环境而变化的色彩，以及色彩和空间距离的关系。同时，人在观察对象色彩的时候，必然含有主观因素。也就是说，由于人的色彩感不尽相同，对对象色彩的注意力也就不会一样，根据每个人的气质和情感的不同，观察横涂竖抹总相宜书画休闲色彩的能力也就不会一样。

水彩画的表现方法

干画法：或称逐层加色法。是通过发挥水彩颜料透明的特点，一遍一遍地将色彩重叠画上去的方法。这是水彩画的主要表现方法。

湿画法：是趁湿一气呵成的画法，是最能发挥水彩画"水"的韵味的一种画法。也就是说，湿画法是趁湿一笔一笔往上加色彩的方法。其优点是新鲜、生动、淋漓、痛快，可以巧夺天工，妙趣无穷。

干画法和湿画法在一幅作品中同时使用，相得益彰。一般来说是开始时铺大面用湿画法，局部重点刻画用干画法。

镶嵌法：即将色彩画在勾好的轮廓里，轮廓之间是干接的。这种画法适于装饰味的水彩画。

此外，水彩画还可以同水粉、铅笔、钢笔等画结合作画。其中特别是铅笔和钢笔淡彩，淡雅、飘逸，别具一格，情调独特。

版画

版画，一般来说是在木、石、金属、玻璃等板材的表面，用刀或化学方法制版，然后印在纸或布面上的一种绘画艺术。

版画具有自己的独特风格，不同于任何一种绘画的艺术效果，为人们提供了一种独特的审美艺术享受，是反映社会生活的一种艺术样式。

版画的形式和种类很多，以所使用的板材不同，可以分成为木版、石版、铜版、玻璃版等多版画种类。从版画的构成方面说，则可分成为凸版、平版、凹版三种类型。也可分成为黑白版画和彩色版画二种。概括地说，版画主要有木版画、石版画、铜版画三种。这三种版画形式影响较大，基本代表了版画的各种特点风格。

石版画是平版中的代表，骤然观之全成平面。用显微镜观察才见石面上凹凸之差。石版的制作过程是用一种特殊材料直接将画画于石面上再涂上化学药品，用水濡湿石面，然后印刷出版画来。

铜版画则是凹版中的代表，是在磨光的铜板面上，用雕刻刀针描画或涂布蜡质以针绘画。然后用酸制成版再印刷成铜版画。同样，由于板材及工艺的不同，铜版画也具有本身的独特风格和特点。

木版画就是通常所说的木刻，它的制作方法是先将画画在木板上，然后用刀刻，再用纸和油墨印刷出来。

木版画的制作，大体可以分成三道工艺程序：底稿、刻制、印刷。

木板画的底稿可直接画在木板上，也可以画在薄而透明的纸上，然后再反贴在木板上，用复写纸转印在木板上。

刻制过程主要是运刀的过程：斜刀的使用，多是用右手四指紧握刀柄，用大拇指按住刀柄头。刻特别精细的部分时，可用五指全握住刀柄，必要时再用左手指助刻。刻时，多是由上往下，刀刃和版面成直角，一次刻得不要太深，深度太大，运刀就不自由灵活。圆刀和三角刀的使用方法都是一样的，最好是用拇指、食指、中指握刀柄，掌心伏向版面，由下往上刻。因为三角刀和圆刀都是槽刀刃，而不是平面刃，用推、冲的方法运刀，省力而又灵活多变化。平刀大多是用来铲平面的，一般使用方法与三角刀、圆刀相同。

刀法的运用，除要掌握运刀方法外，更重要的是要掌握如何用各种刀法来表达不同的线条特点。刀法对木版画的艺术表达起着决定性的作用。刀法纯熟的运用，需要靠在大量练习和创作的基础上慢慢体会和领悟。运用得法，会形成自己的独特表达方法。印刷过程：木版画的印刷，分单色和套色两种。单色印刷较简单，主要是油印和水印两种方法。

油印是将油墨或单色颜料在玻璃板上调好后，用油滚滚上油墨或单色。然后在木刻板上滚动，使木刻板的凸起部分滚匀色。然后将纸铺在版上，用擦子用力擦纸背，为防止把纸擦破，印刷时可在纸上再铺一层旧报纸。揭纸时可先揭一部分，如果印刷效果好，就全部揭下，如果色泽不理想，还可局部加色，以调整适度为止。

水印法是我国传统木版画印刷方法。其关键工序是印刷前要先将纸湿润一下，以便着色和显出特殊的水印效果。纸的湿润方法主要是采取喷湿或是夹湿两种方法。夹湿就是先将一些旧报纸浸入水中，取出后用毛巾把水吸去，平放在桌面上，将木版画用纸1~6张铺在上面，然后再用一张浸湿的报纸盖在上面。也就是说，主要是靠吸湿的方式将纸润湿。

水印印刷过程同油印法基本相同，只是使用的颜料不一样，一个是油质，一个是水质。

套色印刷比较复杂一些，不单是套色问题，还涉及制版。套几种颜色就制几块板。然后像单色印刷一样，一种颜色一种颜色地分层套印。

套印的难点在于色要套准，这就涉及纸张如何固定和版如何固定及套色标志的运用等。只要掌握好单色印刷，套色也就不难，在实习中逐渐摸索就可以熟练掌握，在这里就不详细介绍了。

木版画有其独特的表现风格，除绘画中要注意到刀法的运用，考虑一些特殊的表现方法外，还要在运刀时注意体现出刀也就是笔的特点，即用刀刻的过程，实际上是再度创作的过程，要艺术地体现出刀法特点来。木版画如果同一般绘画一样，那也就不用作者自己刻了，只要画好底稿，直接送去印刷就可以了。因此说，木版画要能体现出以刀代笔，及木板材质的特点来。唯有如此，才能真正体现出木版画的艺术性。

休闲生活中练习制作木版画，既是一项形象思维的修养过程，又是活动两手的轻微体力劳动过程。因此说，这是一项有益身心的高雅休闲方式。

钢笔画

钢笔画是用钢笔直接画在纸面上，以线条为基础，每一笔的点和线都非常明确而不含糊。黑白调子格外清楚。钢笔画除了纯粹的黑色可以平涂以外，其深浅不同的中间色调，都是用轻重、疏密不同的点或线条绘制表现出来的。

用钢笔作出来的画，细致、紧凑、流畅、刚健有力，表现力强，可以精细入微地刻画对象。而且由于钢笔画的工具简单，效果明朗，所作出来的黑白线条画极受欢迎，因此，人们在休闲生活中也喜欢这种绘画休闲方式。

钢笔画的应用范围越来越广，除自身是一种独立的画种带有自己独特的风格和特点外，还被用来从事漫画、插图、连环画、装饰画的创作之中。因此，休闲时间进行钢笔画欣赏和创作，是一种极受欢迎的休闲方式。

钢笔画的工具和材料

钢笔画的主要工具是钢笔，而钢笔尖是主要起决定作用的绘画工具。笔尖有多种，大体上有粗、细、扁、圆之别。不同的笔尖可以画出不同效果的画面来。掌握不同笔尖的性能是学好钢笔画的关键。粗笔尖宜于平涂黑色块面和粗大的轮廓线；细笔尖，则适于描绘对象细微部分；圆头笔尖则可粗可细；扁头笔尖画出来具有一种独特风味，适于表现某些特殊对象。

钢笔画的纸张一般以纸面光滑的为宜，笔尖画在上面流畅圆滑即可以。此外，再制作一本速写簿和一个画夹就可以。

钢笔画的作画程序

钢笔画以线条为基础，线条有单线、复线、交叉线、弧线等。因此，在学习钢笔画中，对线的练习和掌握是极为重要的。

一般来说，在掌握了线条的基本功之后，作画的程序过程基本如下。

构图：要先将所画的画稿从整体上进行构思，也就是说在动笔前，头脑中对画稿要有一个总的轮廓。

草稿：钢笔画的草稿可先用 HB 或是 2B 铅笔在画面上先画出来。画的程度，可随对钢笔画的掌握程度而论。初学者可画得细些，几乎接近成稿。熟练者可大体上将各部分轮廓勾画出来。

正式稿：用钢笔将铅笔画过的地方轻轻地描绘出来。如果铅笔画得不细，可用钢笔直接将细部画出来。然后用橡皮将铅笔画过的地方而又没有用钢笔再次勾画的笔迹擦去。

润色调整：对整个画稿从全局出发，进行细致的勾画（润色）及部分调整。调整时如需修改，可用白色颜料将修改部分盖上，然后再画，或是采取挖补的办法进行。如果需改动的部分太多，或是面积过大，那就需要重新再画一张了。

钢笔画的风格特点

概括起来说，钢笔画可有两种主要的画法，一是单线描画法，二是复线描画法。

单线描画法类似于中国画的白描画法，即主要是用单线条来表现对象，一笔一笔，来龙去脉都要交代清楚。描法可参照中国的十八描，以能充分表现对象的质感、轮廓等为主。与中国画不同之处是，钢笔的笔道，如果完全以中国画的白描画法来画，表现的对象就显得单薄一些，因此要适当加些复线或是灰调子为好。当然，如果作品篇幅较小，也就不存在这一问题了。

钢笔画复线描画法一般来说，如果在黑、白、灰三个调子中都运用线条来表现，不使用看不见线条的黑色色块，而是增加复线来表现黑调子，那么，就能充分体现出钢笔画的独特风味来。举个例子说，如果说电视画面是由点来组成的，那么钢笔就应当是用线组成的画面。黑白灰三个调子，全部由线条来组成，那就充分发挥了钢笔的特点，画出来的画也就有了独特风味。其大体效果同素描一样，但与一般素描不同的是没有擦的技法，对象的明暗全部要由不同的线条来表示，而且要一笔是一笔，清清楚楚。这样画出来的钢笔画，其独特韵味是无穷的。

速写

"速写"这个名词来自西方,英语为"Skeech",是快速概括的意思。原先它是画家室内作画,出外写生时,在较短的时间内凭瞬间的观察或印象,作一些绘画的"记录稿"。主要是为了收集较多的素材,以完成巨幅创作。

在速写的逐渐流传中,它的普及性和及时性受到了大多数人的喜爱。出现了许多受人们欢迎的速写作品,也涌现出许多优秀的速写画家。因此,速写逐步地发展成为一个独立的绘画形式。

速写要求作者在极短时间里,把自己对生活的感受迅速表达出来,因此,它成了作者联系生活最紧密的绘画形式。任何一张速写,都是作者直接源于生活的产物,是接触生活的第一手感性资料。虽说有些速写是以默写方式画成的,但默写也是在直接感受之下,凭印象把当时情景背画出来。因此说速写是生活气息特别浓厚的画种。在某种意义上说速写犹如是生活的记录本。因此,人们在休闲生活中,运用速写作为一种休闲方式,过个几年之后,翻开速写本,就能使眼前的人物、场景活跃起来,犹如回到当时的生活场面之中,会格外有一种亲切感。

速写能培养人们的敏锐观察能力和高度的概括能力。可以培养出在别人认为是习以为常的人和景物中,观察出动人的形象和优美的景物。这种独具慧眼的观察事物的能力,不仅仅是绘画的一种技能,而且也是学习、工作和研究活动中所必须具备的能力。因此说,学习速写是有助于学习、工作和研究活动开展的一种高品位的休闲方式。

速写也是最好的一种培养独特风格的休闲方式。速写一方面取材广泛,另一方面表现手法自由多样,因此可以使人的个性特点得到极大的发挥。速写与任何一种画种的品别是它没有固定的条条框框限制,它为作者自由驰骋绘画园地提供了极宽松的条件。只要在极短的时间内,把自己感受到的生活形象随自己意愿地表达出来就行。这样的条件和因素,最能培养出自己独特的画风,也最能培养出宝贵的独特个性。速写的吸引人,使人们乐于以此为休闲方式,也许这是一个很主要的因素。

速写的工具和材料

速写的工具是所有画种当中最简单的了,只要有一个速写本或速写夹，至于笔，则铅笔、钢笔、炭笔、毛笔、圆珠笔，任何一种都可以。如果是用色彩速写（有时色彩的瞬间感受并不比形体差，也是非常宝贵的），则需备有油画棒、彩色铅笔，或是小油画夹和小水彩盒等。

速写常用表现手法

速写的表现手法是多种多样的，由于长期的绘画经验，会形成各种各样的表现习惯，也即手法。下面主要介绍三种。

线条表现手法：运用线条的变化来表达对象，反映生活的瞬间，可以说是最灵活自由的一种速写表现手法了。线条能产生粗细、刚柔的各种变化，可以表现不同的形体和质感。用线条来表达形象，其要求是自然、流畅、生动、形象。在表达出形体特征和质感的基础上，再赋予线条以流畅美、装饰美、厚重美等，则会使以线条为表现手法的速写达到相当完美的境界。

明暗表现手法：用明暗手法画速写，要求明暗简练，黑白对比鲜明，而又富有个性。因为画速写时不能像画素描那样，容你慢慢地画，细细地描。速写要求快捷、准确地把握明暗，一两次就要把明暗画准，要找出关键的、有特征的明暗关系来。

线面结合表现手法：即在线描表现手法的基础上，再加上关键突出的明暗表现手法，以使形体表达得更为充分、完美。这种表现手法实际上是综合线条表现手法和明暗表现手法的优点，以综合来弥补各自的不足。线面结合表现手法就是当遇到对象有大块明暗时，用明暗方法处理，当结构、形体明显时，则用线条来处理，有线有面，使被表达的对象更为客观和真实。

线面结合的表现手法，一定要应用得自然、协调，不能线面分家，使表达效果生硬。一般来说，明部受光部位多用线条表现而暗部则着重用明暗表现手法。

如果说现代人都喜欢有台照相机来跟随自己，摄录下自己的所见所闻所感的话，那么掌握速写技法，则是比照相机还要丰富多彩地记录自己所见、所闻、所感的方式。因为速写比照相机优越之处是饱含自己的思想和感情。而照相机更多的是自然客观地摄录。在休闲生活中画速写，就比照相多一份情趣。

漫画

漫画，作为一般的概念性解释，就是用简洁而夸张的手法来描绘生活和现实的绘画。一般运用比拟、夸张、象征、变形等手段，来达到幽默和讽刺的绘画效果。

如果不拘泥于某种原则，那么可以简单地说漫画是一种情趣的表达方式，即用绘画的方式来表达人的幽默情感，这种表达借助于绘画。一种用对比鲜明，反差强烈的绘画语言所表达出来的对社会生活的一种看法和观点。

漫画作为一个画种在表达技巧上突出特点是"简洁"。也就是说，只要能足以将自己的幽默情感表达出来，那就不再需要任何修饰。

在休闲生活中，运用漫画方式，将自己积蕴的幽默情感表达出来，是陶情怡性的最好方式。油画、水彩画、中国画、版画等固然也能表达思想感情。但其绘画技巧的难度，在某种程度上限制和影响了人的思想感情的自由、灵活的表达。当然，这样说并不是说漫画本身的绘画技巧无关紧要，而只是说漫画影响和限制人的思想感情表达的清规戒律较少而已。

漫画的种类

漫画按其表达的方式和效果来说，可以分为幽默漫画和讽刺漫画两种。按照篇幅来划分又可以分成独幅漫画和连续漫画。其中连续漫画中又有一种可独立出来的四格漫画，即通过四幅连续的画面来表达一个特定的主题。如果从广义上归类，那么用漫画手法画的连环画似也可以归入连续漫画之中。如果从绘画技巧来分，也可分成单线描漫画和复线描漫画。

漫画的表现方式

漫画的表现方式是很多的，概括起来比较突出和常用的方式有四种。

夸张：漫画离不开夸张。它是漫画突出矛盾、激化矛盾的一种最常用的表现方式和手段。

夸张，按照一般说法，就是夸大或缩小事物的形象、特征、程度和作用等。通俗地说就是让好的更好，坏的更坏。目的在于突出表现矛盾。漫画的夸张，一方面要在形象上进行夸张的表现（夸张性的描绘），同时也要在情节上进行夸张。夸张的具体手法有：扩大夸张，也可叫积极夸张，是将原人物、事物的形象、特征、作用、程度等进行一定程度的扩大。缩小夸张是一种与扩大夸张相反的夸张手法。其实扩大夸张和缩小夸张就是拉大人物、事物的差距，以求对比鲜明，矛盾突出。

比拟：漫画中的比拟与一般修辞比拟的不同之处是除单纯地把人当做物，把物当做人的拟物、拟人手法外，同时也包括了比喻和比兴等修辞手法。漫画的比拟，是在将人物、事物等建立普遍联系的基础上，从中寻求一种突出矛盾的普遍规律和特征，以达到幽默和讽刺的效果。夸张和比拟的手法，在漫画创作中应用很广，二者往往是互相联系的。夸张和比拟都必须符合事物的本性，在本性的基础上进行夸张和比拟，才能更让人信服，也才能使漫画更具生命力。

重复：重复也是一种强化矛盾的手法。一般是多次重复同样的表情动作、同样的细节情节等。在漫画中，有时故意把几个人的动作表情画得完全一致或重复等。以便使欣赏者从这种"重复"和"一致"中看出"不重复"、"不一致"的效果来。其实强调一致和重复，实质上再于强化"一致"和"重复"中的矛盾，以达到幽默和讽刺的效果。

对比：就是将两种或两种以上对立的或是有差别的事物用鲜明对照、比较的方法进行表达，以使各自的特征更加鲜明、突出。这也是一种突出矛盾的手法。对比的表现手法又可具体分为映衬、衬跌（即先映衬，后急转直下，以形成强烈反差的对比效果）、对照、对举等多种表现手法。

漫画的表现方式不仅上述四种，还有很多。只要在休闲生活中投入到漫画欣赏和创作的休闲方式中，是不难体会和把握漫画表现的多种手法的。

漫画的构思

漫画创作往往是寥寥数笔，一挥而就。但是实质并非如此。漫画需要的是厚积薄发的构思过程，既要有大量的生活素材，又要有广博的百科知识，然后才能在此基础上，按照漫画的创作特点和规律进行长时间的构思。只有在长时间构思的基础上才能画出得心应手的漫画作品来。

投入漫画欣赏和创作的休闲方式中，不仅能得到绘画美的享受，而且能使自己的心态始终处于一种平和、宽容、豁达的思想感情之中，这对于自己的身心健康是极为有益的。因为要想引人发笑，自己就必须富有豁达、达观的生活态度，才能有一种幽默的处世情感，才能画出幽默的漫画来。

年画

年画是中国传统画种。民间传统年画至少已有2000多年的历史。汉代以前，门上画虎画神以避邪，开门神画的先河。唐代时，除夕挂钟馗图像，以示驱邪和迎福。到了宋代，年画叫"纸画"，明代叫"画帖"，清代北京叫"画片"，江苏叫"画张"，杭州叫"花纸"。1849年，李光庭所著《乡言解颐》中说："扫舍之后，便贴年画。"可算得上是"年画"一词的最早出处了。传统年画的发展，有"南桃北柳"之说，南为苏州桃花坞。北即天津杨柳青。此外山东的潍坊、山西的临汾、陕西的凤翔、四川绵竹、广东的佛山等也都是年画的著名产地。

年画的构图

年画一般采用对称的装饰手法，结合内容，采取图案装饰，使画面鲜明、饱满，迎合人们新春纳福的心理。由于内容不同，体裁多样，所以构图形式也就多变化。我国人民喜欢欣赏完全的、有头有尾的故事，所以年画有时采用连环画的形式出现，把故事情节从头至尾，在一张画面上表现出来，但又不是用等同的方块位置平分画面。

年画的造型

传统年画人物形象的造型多程式化，重人物的动态表情，而较少注意刻画人物的内心活动。男子造型要求形象英俊，体形粗壮，动作朴实，表情爽朗。女子造型要求形象俊俏，身段修长，动作柔美，表情含蓄。传统年画基本上是单线平涂法，线条朴实洗练、单纯、流畅。年画中的人物造型往往有一定程度的夸张，人物陪衬的景物、道具大都采取装饰手法加以程式化，以取得与人物相协调的统一效果。新年画在人物性格特点方面刻画得更加精细，使得人物外貌和性格更加完整统一。在绘画技法上也打破了"单线平涂"的传统手法，在线面结合的基础上，使立体感更加清晰明确，但不特别注意色调的过渡，这种手法使画面形象既有立体感又较柔和，清晰度强。

年画的色彩

年画色彩运用的突出特点是对比鲜明，色彩的装饰性较强。大多数的年画采用红、黄、绿、蓝、黑等几种颜色套印，构成强烈的色彩对比，色块一般不相混。所以造成强烈的装饰效果，使画面显得富丽堂皇，鲜艳夺目。新年画在设色上较传统年画有很大提高，设色更加丰富多彩，人物、衬景、道具更加趋于真实性，也开始使用灰颜色，同时吸取了其他画种的设色方法，在整体效果上继承了传统年画的装饰色彩的特点。

年画在处理题材时，往往采用寓意和象征的手法，例如莲花和鱼寓意"连年有余"，桃和鹤寓意"长寿"，牡丹象征"富贵"等。民间年画还往往通过娃娃嬉戏的情节来表现对生活的美好愿望，如《金鱼满堂》画的是儿童骑在金鱼身上。这种不拘泥自然本来面目来表现主题的方法，是年画的一种独特的浪漫主义手法。

在休闲生活中欣赏和创作年画是蛮有趣味的。尤其是春节来临之际，挂上一张自己画的年画，或是将自己画的年画分送给亲朋好友，那悠然自得的心情是令人陶醉的。

连环画

人们在休闲中看看连环画，这已经成为一种比较普遍的休闲方式。现代人对印成黑乎乎一片铅字的通俗读物已经是越来越不欢迎了，代之而起的是图文并茂的普及性读物。就是一些所谓学术性很强的著作，也逐渐地朝图文并茂的方向发展，如蔡志忠的连环漫画系列，就是作为普及先秦诸子百家的学术性著作创作的而深受人们的喜爱。再如《资本论》的图文本也大受欢迎。

事实证明，现代人接受文献信息的方式在变，他们不仅满足于文字的单纯表述，还要求有像连环画这样的形象性读物作为传媒载体。

休闲中人们所乐意看的连环画就更为普遍，诸如中外文学名著、传记、科技史话等，不一而足。人们通过连环画这种喜闻乐见的形式，既得到了形象化的娱乐，又从中得到了很多单纯的文字记载所难以得到的各种各样的知识，是一种兴味盎然的休闲方式。

连环画是通俗普及的画种，男女老幼皆宜。从历史发展看，连环画从一开始就带有了通俗性和大众化的特点。即是从故事画起步的。

在汉代"武梁祠画像石"中，就已有了单幅的故事画。如"孟母断机"、荆轲刺秦王"、"完璧归赵"之类。发展到唐代，它的形式又有了改变，画的格局很自由，有用宽线框均等隔开的，有用图案画隔开的，有用地界线隔开的，有用注明文字隔开的，格局不一。在敦煌发现的从隋到唐、画在"幡"上的彩色宗教故事则是单幅故事画发展成分幅连环画的开始。而连续性强，分幅明确的连环画则是在宋代以后。其内容可分为宗教、圣贤、小说、戏曲、传记、科技等类，尤其以小说戏曲最为丰富。

元明时代，小说、戏曲发达，因此也就产生了插图中的连环画。如《全相平话三国志》，每一对页一图。上图（占1/3的位置）下文（占2/3位置）。

到了清代，又产生了单页的连环故事画，也就是年画。普通的是每一故事印一张，个别的有印2~3张相连的。由于有了单页的连环故事年画，于是到了清末，石印输入，就产生了最初的"回回书"。即每一篇都插图，每一回都插图。如光绪十年左右印的《聊斋》、《今古奇观》、《三国》、《水浒》、《红楼梦》等就是这样的"回回书"。

清代以后，上海丹桂第一台上演连台《七擒孟获》等戏，有人根据舞台上的形象制作连环画。这就更具有连续性。

纯粹独立的连环画则是在清末民初发展起来的。到了1925年才有了"连环画"正式名称。由于连环画有图有文，以图为主，有故事有情节，通俗易懂，为广大群众所喜爱和乐于接受，因而发展很快。

可以这样说，在所有的画种中，欣赏人最多的恐怕就要属连环画了。连环画越来越受到人们的重视，近些年来又出现了多种开本的连环画。

在休闲中欣赏连环画固然是一种重要的方式，但是人们在休闲中对连环画的喜爱，远非如此，还有许多人乐意从事连环画的学习和创作，这当然更是一种高雅的休闲方式。

现将连环画创作中的一些常识性知识介绍如下，以备连环画爱好者在休闲中参考。

连环画的工具材料

从原则上说，学习创作连环画，可以运用中外各种画种。但是，如果从入门而论，最好还是从单线描画入手为妥。因此其工具材料就极为简单：铅笔，作为起稿用，一般选用铅质不太硬也不太软的HB、1B、2B三种铅笔比较适宜。橡皮，作为修改铅笔稿而用，以柔软不易擦伤纸面，又不会弄脏纸面为宜。毛笔，主要用于勾墨线。最好是选用笔尖瘦长一些的狼毫画笔，如衣纹笔小精工等。勾线的笔最好能选备2支以上。墨用墨汁就可以。稿纸，要求质地要好一些，稍有厚度，不能太薄，纸面要不光不糙。稿纸的大小是根据用途决定，一般出版用的连环画稿纸的规格是20厘米×27厘米，画框约是17厘米×22厘米，横竖都可以画，没有画框也可以。尺，画直线或画透视时用。一般是备一把45厘米的直尺和一幅三角尺。白粉，白色广告画颜料，用于涂改墨线稿。

连环画的创作过程

起初稿：根据连环画脚本逐条内容进行起初稿。初稿可以直接画在稿纸上，也可用另外的纸起稿。主要是布置安排好画的大体位置。

精稿：也叫正式草稿，将初稿进行必要的修改后，再进行细致的加工。特别要考虑各幅之间的前后呼应和衔接，这是连环画的主要特点。

勾墨线：勾墨线是连环画创作过程中一项重要的工序。一般来说是先从人物勾起，人物首先是面部和手，然后勾背景道具。

整理修改：根据脚本逐幅检查图文是否相符；校对全部作品中每个人物的面部形象、衣服细节是否统一；背景道具有无出入。如有可作局部修改，也可将有些篇幅重画。

采用墨线的单线描画法也仅仅是连环画的一种画法。任何一种画种几乎都能作为连环画的基本创作方法。如上面介绍的单线描画法，也可用钢笔（黑色墨水）来勾精稿。如用中国画画法，所用的纸可用宣纸等。近年来，随着连环画的发展，几乎所有画种都在这块领地显示了拳脚，也有的是兼具几个画种的画法。在休闲中学习连环画创作，可根据自己的基础，进行多方面尝试，说不定能取得始料不及的收获，这样的休闲就越发能充实和丰富生活并取得一技之长。

指画

指画，就是用手指头作画。曾经传说是唐代画家张璪开指画之先河。他画古松，喜欢用秃笔，双管齐下，枯枝生干同时画出。偶然有不称意的地方，便用手指摸绢素，加以涂改。此说尚待考证。也有一说，是始于清初的高其佩，后来学指画的不少，现代大画家潘天寿也喜欢作指画。

指头作画，欲粗欲细，欲浓欲淡，当然不如运用毛笔便当，但却有它的特殊风格和情趣。潘天寿曾说，西施穿着盛装，当然是非常美的。然而华丽的盛装往往掩盖了她的天真之美，不如在村野溪畔浣纱的时候，更见出她品格风度的淳朴，本质的高洁。指头画正是粗头乱服的画种，恰恰是以粗乱自如的意趣，来画高洁淳朴的西施，这就是它的妙处。故而，指画长于概括，适宜于写意，但要避免草率的毛病，而要画好指画，也需要有如毛笔画同样的许多文化艺术方面的修养。

指画的特点概括起来有以下四点。

特具凝重古厚的自然意味

指画由于是用指甲、指肉作画，因此比起毛笔来，就显出了其独特的风格。指甲、指肉作画，蓄水蘸墨都非常有限。因此长线条全都是由短线接成，同时，由于是用指画，故落指是圆的，收指也是圆的，格外有一种朴拙和若断若续，若曲非曲，若直非直，粗细变化不定之感，这些都是毛笔所没有的效果。这些特殊效果汇集起来，形成了一种自然情趣和凝重古厚的意味。

能充分发挥独特的墨法

指头作画含水墨不多，水墨不能在指头上长时间存留，所以在用水墨时，就有大湿大干的效果（上手水墨较多，很快就水墨淡枯），能集中体现泼墨法、枯墨法、焦墨法、误墨法等特殊墨法的作画效果。

以拙见长

指头作画不能像用笔作画那样运用自如，有时很可能出现很不自如，甚至出现不能表达初始之意的情况。但这种制约初始画意的情况，却为绘画者带来多变的绘画思路和以拙见长的画法。达到一种"以笔难到处，指能传其神，而指所到处，笔勿能及也"的效果。

取材布局的独特之处

指画在取材布局时应简单概括，多取近景材料，少取远景材料。也就是说，由于指画宜粗不宜细，指画在构图布局时就要不落俗套，偶然妙得，自然天成。

当然，绘画的取材，应根据各时代现实生活中的不同特点，加上作画者本人的文化艺术修养来决定。指画也自然如此，但要注意从指画的表现特点和能力出发，来巧妙地运用绘画的取材原则，以表达出指画的独有意境情趣来。

指画的独特风格，固然是由于独特的作画工具所引发的，但在发展中也逐渐形成了一些较有规律性的指画表现技法。

运指技法

指头作画主要是运用指甲和指肉。因此在用指头作画时指甲不宜过长，也不宜过短。指甲过长影响指肉的运用，所画出来的线条就显得过于单薄，没有圆浑感。指甲过短，又使指肉的作用过大，所画出来的线条往往过于肥浮，软弱，看不出骨力来。因此，在指画创作中要注意指甲和指肉均能充分发挥其作用，并尽量要运用出相辅相成的效果来。

指画运指，最常用的是食指，食指着纸，不是甲背，而是指头前端的左、右侧面，指甲指肉并下齐运。可根据线条的粗细，随时调整运用指甲指肉的多少和轻重。重于作画中的"点"笔，则是食指罗纹的前端全部按下，成一罗纹椭圆点。

指头作画除用食指外，小指和大拇指也常常运用。其中小指多用指甲作细线。中指和无名指是不常用的，有时在使用泼墨法时，可用食指与中指无名指合用，如果不能达到所需效果时，则可用全掌贴纸绢涂抹，横涂竖抹皆可。指头作画，除用五指和手掌外，有时还用拳。且有时是几个指头随时并用。

用墨方法

指画用墨，大体有大焦墨、大湿墨、大泼墨、枯墨、误墨等。

指画运用大泼墨时，用指蘸墨有时水墨不足，可用小杯子直接泼水墨于纸上，然后再用指涂抹，则能获得墨迹淋漓的效果。

指画对破墨法的运用，往往是以浓破淡居多，而以淡破浓则很难。焦墨、枯墨则全是用枯干的指头落纸，画时常有滞腻不爽的感觉，是一种很不易掌握的墨法。

设色技法

指头画虽以指头为主要的画具，但在烘染设色时，也可以备几支羊毫笔，代指设色。

指画的烘染设色，不论用笔用指，都没关系，关键是要染得、设得好，以使设色能与整个指画的特点相协调和统一风格，不能出现笔墨色不统一情况。

指画是中国绘画中的一种特殊画种，学习要从毛笔的基础入手，在此基础上再发挥指画的特殊表现能力，才能创作出风格高雅独特的指画来。在休闲生活中如以指画来休闲，就要从基础入手，一步一步地达到随心所欲地表达自己思想感情的目的。如是单纯自我欣赏，当然可以不必过于拘谨，但若想达到一定水平，还需从点滴做起。

电脑画

随着计算机科学的发展，人们利用计算机来绘画已成为现实。目前，计算机已进入千家万户，人们在休闲生活中不妨在使用电脑学习、工作之余，利用电脑来绘画。不管电脑绘画能否称得上是艺术品，但是利用电脑绘画毕竟是非常有趣而又迷人的。从一种休闲方式来说，电脑绘画是再有趣不过了。电脑绘画的原理是借助数学在计算机屏幕上进行绘画创作的一种新型艺术方式。德国的赫伯特·弗兰光可称得上是这一新兴艺术的开拓者之一。他与物理学家霍斯特合作创作了大量的计算机绘画作品，他们的作品被争相购买和收藏，并在德国一些地方展出，有关这方面的专著也已陆续问世。

赫伯特·弗兰光和霍斯特合作，先将艺术与数学公式结合起来，然后编成计算机语言，输入计算机。就像画家用笔在画布上进行作画一样，他们是靠不断按动键钮，通过改变参数或转换角度，不停地调整整个画面的结构和色彩。如果修改后的图像仍不满意，还可恢复本来面目，重新再开始。赫伯特·弗兰光和霍斯特利用180种不同程序的高性能软件，不停地处理、改变原来的创作设想，最终在计算机上完成他们的绘画作品。

这两位新潮艺术家还不断改变绘画技巧，计划利用这种方法创作出造型新颖、透视感极强的新的建筑物构图，画面犹如魔幻般迷人。他们还设想用电脑绘出神奇、抽象的外星奇景，他们称之为数学风景绘画。

现在，计算机绘画这门新潮艺术正逐渐为公众所认识和接受，喜欢计算机绘画的人越来越多。但是也有些人虽然喜欢电脑绘画，可是对于电脑绘画的错综复杂性，又充满了可望而不可即的想法，因为他们对计算机的技术充满了畏惧的神秘感。特别是有些电脑绘画的休闲爱好者，当他们欣赏了大量的激动人心的电脑绘画后，马上兴奋地坐在自己的电脑面前，手里握着鼠标器，双眼盯着屏幕，雄心勃勃地也想在这令人痴迷的领域中一展宏图，可是很快同软件一样复杂的使用方法像冰水一样浇灭了他们的热情，软件中天书一般难以理解的命令，一层又一层的选择菜单，以及不太过硬的英文水平都令人头疼。在历经几次这样的磨炼之后，最初的一点灵感和满腔热情也就烟消云散了。然而，电脑绘画依然大放光彩。令人叹为观止的电脑绘画作品依旧在诱惑着初谙此道者，依然吸引着他们再来试一试。

电脑绘画是科学与艺术的结合，比起单纯学习科学或单独学习艺术都更增加了一层难度。然而，色彩、造型和构图的极端理性化的控制，带来的并不全是烦恼，烦恼过后的欢乐，是比没经过烦恼的欢乐更大。而创作手段的进一步自由和灵活，会引导人们走向更大的欢乐。所以，在休闲生活中学习电脑绘画，会带来科学知识丰富和艺术素养、技能提高的双重欢乐，是很值得学习和掌握的休闲方式。

21世纪是电脑的时代，借助电脑绘画，一方面可以创作出富有艺术魅力的绘画作品来，也能掌握更深层次的电脑操作和编程技术，是一举两得的休闲方式。同时也可以在电脑知识水平提高的基础上，利用电脑去开辟更广阔的领域。

养狗

狗自从参与人类的活动后，便成为人们忠实勇敢的朋友，人们带它们去狩猎，利用它们看守家园，训练它们帮助人类进行各种工作，如追踪、侦破、检验等。狗具有相当发达的大脑，敏锐的观察力，灵巧的技能技巧。狗的智力极高，能够领会人的各种语言、表情和动作。经过训练的狗能够做出令人始料不及、惊叹不已的事情。

人们豢养各种狗是出于各种各样的需要，目前，出于陪伴和玩赏的狗越来越普遍地受到人们的欢迎。在马路上，经常会有遛狗的人。狗之所以能成为宠物，能让人类所宠爱，主要就是由于它们能给人带许多好处。狗在与人陪伴中不仅能带来热闹、愉快、欢乐，而且还能起到一种心理保健的作用，即能够维持人们的心理健康，从而保障人们的整个身体的健康。据科学家最近几年研究发现，以狗为观赏物，以狗为陪伴，可以使病人降低心率，使烦躁的病人得以安静，并能使某些沉默的病人变得爱说话，从而增加病人康复的机会。由此可见，以狗为宠物确实有其一定的科学道理。在人们物质生活普遍提高的情况下，在人们经过紧张的学习、工作之后，余暇时间以豢养狗为调节紧张生活的方式，确实是一种很好的休闲方式。

据考证，中国人养狗始于周代。周朝人养狗多从功利目的出发，但也有用于嬉玩休闲之用的因素。据《晋书·陆机传》载，西晋文学家陆机曾驯玩一只狗，取名"黄耳"。陆机格外喜爱这只狗，几乎形影不离。当陆机羁寓京师的时候，曾长久没有家里的信息，一天，陆机笑着对黄耳说："你能替我寄书取消息吗？"这时黄耳摇尾作声，似乎听懂了主人的话。陆机便写了一封家信，封在竹筒内，系在黄耳的脖子上。黄耳从河南洛阳起程，千里迢迢，将信送至今天的上海松江陆机的家中。这个记载未必完全属实，但是陆机对黄耳这条狗的训练有素，却可见一斑，也可见狗在当时生活娱乐中确实占据着一定的位置。

据《汉书》记载，汉代的上林苑有"犬台宫"、"走狗观"，已有宫中玩狗、养狗的先河。满族人喜好围猎，猎狗是不可缺少的角色。满族人入关后，宫中养狗、玩狗之风便自然而然地盛行起来。这一方面是上承汉代宫中玩狗的遗风，同时也是本民族习俗的宫廷化。据载雍正皇帝、乾隆皇帝、嘉庆皇帝都喜欢养狗玩狗。清代民间玩狗并不亚于宫廷，当时京师护国寺即有狗市。

品种选择

选择好所要豢养的狗的品种是头等重要的。一般来说首先取决于用途和实际豢养条件。从休闲的方式出发养狗，当然是要选择伴侣狗和玩赏狗。因此，根据自己家庭住宅的具体情况来选择，城镇住宅一般都不太宽裕，选择一些小型狗，如北京叭儿狗、墨西哥的吉娃娃狗等比较适宜。小型狗既可以牵之到各处走走逛逛，又可以放在膝上珍爱把玩。如是喜爱安静的，则可以选择坤士型的小型狗。按照一般人的心理，长毛狗或是卷毛狗要比短毛狗逗人喜爱，但是在选择这类品种时千万不要忘记，它们一般容易脱毛，需经常为它们修饰体毛，这是件费功费事的事，而且还有碍室内清洁，所以事先要将这一点估计足，权衡好。

选择狗豢养一般来说幼狗较好，因为成狗一是怀恋旧主，调教起来很费时费力；二是成狗身上有不良习惯，调教过来也不是容易的事。而幼狗可塑性较大，容易按照自己的要求进行有效的调教；三是幼狗比成狗价钱便宜，不会因一次性投资太大而影响正常的生活开销。但是选择幼狗也有不利之处，幼狗独立生活能力差，正是发育阶段，需精心照料，这就需要花很多精力和时间。在选择幼狗时最好是选出生8周以上的，并要从7只以下的狗窝中挑选。要选择那些身强体壮的成狗所产的幼狗，并从一窝中选择最强壮的。要切记，此时不要怕花大价钱，否则会带来更大的损失。

在雌雄的选择上，如果是单纯从陪伴和观赏的角度出发，最好是选择阉割后的幼狗，易于豢养，也可避免每年春秋两季的发情麻烦。当然，根据个人的爱好，或选雌狗，或选雄狗则是各有所爱了。

饲养常识

养狗需要事先将狗舍、饮具、食具、洗刷用具、颈圈等准备齐全。养小型陪伴狗或是玩赏狗，只要在室内为其安置一个休息和睡觉的地方就可以，不必安置狗舍。但是安置给狗休息和睡觉的地方要铺些垫物，如报纸、旧衣、旧毯子，并要注意经常更换和清洁卫生。饮具和食具要分开，要底重、边厚，防止狗将食物和水打翻。洗梳用具包括洗刷饮食器皿的棕毛刷和梳理体毛的密齿梳（短毛狗）、疏齿梳（长毛狗或短毛狗）。至于牵狗用的颈圈，可购买，也可自己用皮带、裙带或铁环改制，但是要注意松紧适中，而且要注意随着幼狗的成长及时更换或调节。

养狗的饲料最好是动物性饲料和植物性饲料混合喂养，一般是将肉（猪肉、牛肉、鱼肉等）、大米、小米、玉米、高粱米、麦粉、豆类、青菜和各种薯类、食盐等，有选择地按一定比例煮熟，做成食团，分次喂养。一般家养的小型狗，在买狗时应向原主人要一份幼狗的食单。买回去两周内要严格按原食单喂养，以免突然改变食物而带来意外。3个月之前的幼狗每天要保证四餐（早餐、午餐、加餐、晚餐）；幼狗到4个月时午餐可以取消；6个月时，早餐也可省略；一岁以后，通常是一天喂一次即可。我国通常的喂养方式是，3个月以前每天喂4次，4~8月时每天喂3次。

训练常识

对于陪伴狗或是玩赏狗的训练，主要是使主人能够从中享受到狗的乐趣和温情。就是要将狗训练成家庭中的一个懂事的孩子一样，让狗懂得可以做什么和不可以做什么，只有这样才能起到陪伴或是供玩赏的作用。如可以在一定的口令下听从主人的呼唤，或是让干什么就干什么（如坐下、卧下、站立等）。如训练狗按照一定的指令衔回物品，如让它衔回一本书、一张报纸或一顶帽子等物品。如再能训练狗做一些类似杂技团、马戏团中的演出狗那样的一些小动作，则更能起到玩赏的作用。训练的方法可根据不同条件而定，由易到难，逐渐复杂起来。训练中对小狗的鼓励和奖赏是绝对不能少的，同时也要施行严明的惩罚手段，以达到某种预期目的。

狗病的防治

玩赏狗、陪伴狗如果饲养、训练不当，就会发生各种疾病。狗的常见病很多，主要有狂犬病、犬瘟热、狗传染性肝炎、狗蛔虫病、疥癣病、胃炎、肠炎、肺炎、感冒等。特别是狂犬病，对这种病要采取预防措施。

对患有各种病的狗，可根据自己从书刊等资料上看到的和自己已掌握的知识进行家庭治疗，给狗服用一些必备的药物。如果仍不见好转，或是病情加重，就要将狗送到就近的兽医站进行治疗。

名狗介绍

狮子狗

狮子狗外貌秀美，体毛经过修饰之后，犹如狮子一般，是一种上乘的玩赏狗，它聪明、热情，而又富于个性。

这种狗一般来说体高26厘米左右，体重在4~8千克。头部宽广，吻部较短，鼻子是黑色的，眼睛色暗有神。体毛长而略呈波浪形。躯体毛色大都暗黑，前部和尾巴上长有许多白毛。

这种狗的起源也很有意思。据说是西藏的达赖喇嘛将拉萨犬进贡给皇帝，皇宫中的人将拉萨犬与北京犬交配而培育出来的。当时，它与北京犬一样，禁止出口。直到1908年，慈禧太后死后，才有人将这种小型长毛狮狗走私到欧洲。

比熊狗

比熊狗是15世纪时，由马尔他血系繁殖而来的，它的法语名字（因产地是法国）是"Bichon"，意思是"可爱"或"小宝贝"。

这种狗体高不超过30厘米，体重在3~5千克。吻部短俏，耳朵下垂，眼睛圆而灵活，尾巴稍上扬呈放射状。体毛柔细，长7~10厘米，呈白色而有光泽。有时夹杂棕色和灰色的斑纹。

欧洲和美国，现在仍有大批的比熊狗迷，比熊狗是一种在世界范围内来说比较名贵的狗。

北京狗

北京狗是一种中国古老的犬种。体高30~45厘米左右，体重一般在3~5千克。头部宽大且扁平，吻部宽而多皱纹，鼻子短，眼睛大而圆，并稍凸出，耳朵密布长丝毛，呈心形，下垂，尾巴上扬并长满放射状的丝毛。体毛长而下垂，其中金黄色是最受人喜爱的。

据考证，北京狗已有4000多年的历史。此狗几个世纪以来一直在宫廷内繁殖，是宫中大臣和嫔妃们喜爱的宠物。1900年北京义和团事变，英国士官趁机从避暑行宫抢走5只北京狗。19世纪末，英国成立"北京宫廷犬协会"专门选择和繁殖越来越小的北京狗品种。

沙皮狗

沙皮狗早年曾作为狩猎之用，尤其当中国盛行以斗犬作为赌博的工具时，因此狗皮松弛，不易被对手直接伤害，它那深陷的眼睛也不易受伤，而成为斗犬中的常胜将军。后来因其数量稀少，加之奇特的丑陋相，被人们养在家中成为伴侣犬。此狗被引入美国和英国后，大受欢迎，曾被列为世界稀有犬种。

此狗体高41～51厘米左右，体重16～25千克，头部有许多皱纹，吻部呈四方形，小型半垂耳，浮贴在头部两侧，眼睛深陷，眼皮下垂，尾巴高扬并卷曲。体毛柔顺，有红、黑、奶油及淡褐色。全身有许多皱纹，犹如沙皮一样粗糙，故此得名。

据考证，沙皮狗生存至今已有2000多年的历史，从沙皮狗的面部外貌和紫色的舌头来看，推测它很可能是中国松狮犬的后代。

沙皮狗是丑中之美，为许多以养狗休闲的人们所喜爱。

养猫

在休闲中养一只猫，能给人带来愉快、活力和希望。紧张的学习和工作之余，动手喂猫、逗猫，静心观察猫的行动坐卧，喜怒哀乐，可以消除疲劳，活络筋骨，增添生活的乐趣，有利身心健康。因此说，养猫是调剂生活的一种很好的休闲方式。

猫小巧玲珑，一只漂亮的猫可以使人赏心悦目，激发热爱生活的感情。据美国宾州大学"动物与社会研究中心"的研究人员费里特曼研究表明，冠心病患者如与猫做伴，可祛病延年。

一般来说，猫的自尊心很强，它不喜欢盲目地听从主人的命令，同时，猫对主人的感情又很敏感。在养猫中要注意培养与猫的感情，对待猫的态度要和蔼，不要任意训斥和打骂。要态度温和，耐心调教，取得猫的信任和友谊，彼此之间成为朋友。要知道，养猫的休闲目的就在于玩赏，而不在于费多大劲把猫管得一定听自己的话。

供观赏和陪伴的猫品种很多，既有纯种，也有杂种。就观赏猫来说，一般是按照猫的毛长短两大类来划分。长毛种有波斯猫，这是观赏猫中比较常见的品种，此外还有喜马拉雅猫、波曼猫等。短毛种有英国蓝猫、美国猫、克拉特猫等。我国民间所饲养的猫一般都是短毛猫，是按白猫、黑猫、花猫来分类。

品种选择

选猫同选狗的道理是基本相通的，作为休闲需要选猫，最好是选一只小猫喂养。看着一只小猫从小在自己的喂养下长大是一种十分有趣的休闲。而且，自己亲手调教出来的小猫更善解人意。

在选择公猫还是母猫上，互有利弊。一般来说，公猫对主人很热情、友好，但却喜欢在外游荡和打架。发情期对母猫的追求也是件麻烦事。母猫则比较安稳，但却比较胆怯，在与人接触时很警惕。比较起来看，养母猫较为适宜。如果养公猫，也最好在10个月左右对其进行阉割处理。阉割后的公猫会变得温和可爱，更容易与人相处，一些不良习性也会随之转变。母猫到5～7月龄性成熟时的叫声也十分让人厌烦，最好也将其阉割，阉割之后的母猫，不会影响它的聪明和魅力，只会变得更加温顺。至于是养长毛猫还是短毛猫，则要根据每个人的爱好而定了。

养猫在选购时要注意以下几点。

看整体。用手抓住猫的后脖子皮，如果猫缩成一团后，能够迅速恢复原状，这就是只好猫。

看毛。全身被毛均匀，密而蓬松且富有光泽的是好猫。

看脚爪。前脚挺直有力，两脚是平行状态为最好，八字形的不好。爪子排列紧密，均匀且圆的是好猫。

听叫声。叫声清亮，但不轻易乱叫是好猫。

猫的饲养

家里养猫要准备一些必具的用具，如猫窝、饲料盆、水碗、便盆、玩具等。猫窝可以用塑料盆或纸箱，里面铺上一些柔软的东西就可以，冬天要垫块棉垫。一般来说，猫窝要放在干燥、通风、僻静的地方。饲料盘是猫吃食的用具，因为猫不习惯在深容器中吃食。水碗要选用底重、边厚，以防止被猫踏翻。便盆选择一般塑料盆即可。一般来说，猫喜欢玩，休闲中观赏猫玩耍是一件极有趣味的事。所以给猫准备一些皮球、纸球、汽球或是彩色的能动的玩具是非常必要的。

猫是肉食性动物，以吃肉为主。猫只有在有肉、鱼的情况下，才肯食用蔬菜和谷物做成的食物。从营养的角度说，猫的饲料要多样化，同时要考虑猫在不同生长阶段的不同营养饲料的需要。在西方发达国家，猫的吃食十分讲究，宠物商店专门有猫罐头供应。休闲中养猫，一般不需要特别为猫调制饲料，在人所用的饭、馒头、面条中拨出一部分，再加入适量的肉或鱼就可以。但要注意洁净卫生，不能将剩饭剩菜随便倒给猫，那样容易引起猫的胃肠疾病等。

喂猫的次数一般是每天2次，早晚各一次，晚上应多喂一些。小猫喂的次数还应多一些。

在喂养中还要注意给猫洗澡和梳理毛及给猫剪爪。一般来说猫生来爱洁净，但却不喜欢水。所以不要给猫洗澡的次数太多，但猫身上有脏的迹象出现时，就不能不给它洗澡了。洗澡前要备好一些用具，如澡盆，对皮肤无刺激性的洗澡剂、梳子、刷子、毛巾、吹风机等。给猫洗澡的水温一般在30℃~50℃为宜。一般来说，猫会用自己的舌头当刷子，梳理身上的毛。人经常给猫梳理，可以把脱落的毛及时清理掉，有益猫的美观和卫生。一般短毛猫3~5天梳理一次，长毛猫要每天梳理一次。猫的脚趾都长有带勾的尖爪子，十分锐利，是捕鼠和自卫的武器，如果是为观赏养猫，这锐利的爪子就成了多余之物。所以每个月要为猫剪修一次爪子。

在饲养猫的过程中，如果发现猫的眼屎增多，流泪、咳嗽、流鼻涕、流口水、呕吐等症状出现，那就表明猫是生病了。猫如果生病，要是家里养几只猫，或是有其他宠物，就要马上将病猫与其他宠物隔离开来，以免将病传染给其他宠物。由于我国目前设立宠物医院的地方还不多见，所以在饲养猫时要注意多阅读有关书刊，特别是注意一些有关猫病的诊断和治疗的知识。这样，一旦发现自己的猫生了病，就要试着给猫进行诊病，并试着按有关知识进行及时治疗。如果自己诊治不好，就要将病猫带到附近的兽医站进行治疗。

饲养猫要尽量讲究科学饲养，不要过分宠爱猫，过度的宠爱反而会使猫养成一些不良习性，过样就对猫的健康发展不利了。

猫的训练

猫同狗一样都很聪明，只要经过一些训练，就可以多一观赏猫的乐趣。在训练猫的过程中通常采取诱导、强迫、奖励、惩罚相结合的方法和循序渐进的方式。首要的是训练猫在固定的地方排便，固定的地方睡觉等起居常识。在此基础上再训练猫衔物、跳环等一些有趣的动作。猫是一种相当聪明，又通人性的小动物，经过耐心调教，可以学会许多招人喜爱的动作，不但会更惹人喜爱，成为休闲生活中的伴侣，而且会给人们的生活增添许多乐趣。

据有关报道，著名作家夏衍很喜爱猫，他有一只钟爱的黄猫，叫做"老勃古"。后来，夏衍离家8年多，他钟爱的"老勃古"从他离开之后，一直郁郁寡欢，怀念着主人。夏衍回来时，老黄猫已经奄奄待毙，数日不食不饮，连站都站不起来了，但一见离别8年的主人，垂危的老黄猫却突然站立起来，围着主人走了几圈，凄切地叫了两声，然后倒下来死在主人足下。

由此可见，猫与主人的感情是可以建立在非常深厚的基础之上的，养猫就要与猫交朋友。建立感情，这样才能使养猫的休闲之趣更浓。

名猫介绍

波斯猫

波斯猫天资聪明，反应灵敏，性格温顺，举止文雅，深受以养猫为休闲方式的人们所喜爱。

波斯猫有些像小狮子，脖子和后背上有长长的鬣毛，被毛有很多种颜色，大致有五类，即全一色、渐变色、烟色、斑纹和多色。全一色的有白、黑、蓝红和奶油色。全白波斯猫的眼睛一只为蓝色，一只为黄色，极有特色。波斯猫的脑袋大而圆，圆而小的一对耳朵微微前倾，鼻子又短又扁。躯干不长，都很宽，尾巴和四肢粗短，爪子大。

据考证，波斯猫是以阿富汗的土种长毛猫和土耳其的安哥拉长毛猫为基础，在英国经过100多年的选种繁殖，于1880年诞生的一个品种。是典型的长毛猫，有"猫中王子"、"王妃"之称，是世界上爱猫者最喜欢的一种猫。

波斯猫在中国近些年来的养猫热中，也的确很"火"，是人们格外喜爱的观赏猫的品种。

缅因古恩猫

缅因古恩猫属于半长毛猫，其体毛比长毛猫短，而又比短毛猫长。体毛又厚又密，毛质坚硬，一双大耳上有密生的饰毛。毛的颜色有30多种，其中最惹人喜爱的是棕色虎斑种。

此猫体格雄壮魁梧，身体呈长方形，骨骼粗大，胸部宽阔，肌肉十分发达，体重可达7.3千克。

此种猫据考证是19世纪30年代由美国缅因州的航海家从国外带回来的多种猫杂交的结果。

阿比西尼亚猫

阿比西尼亚猫是一种短毛猫。此猫很聪明，有惊人的记忆力和幽默感，叫声悦耳，活泼好动。

此猫毛色秀美诱人，一根一根的毛有三四色的色带分布，再加以折光的作用而形成斑纹。在活动时，其颜色可发生微妙的变化，显得斑斓壮观，有很大的魅力，周身体毛细密而富有弹性。

此猫外形与非洲狮很相似，脸呈圆形，鼻梁较高，两只大耳朵根部很宽，眼睛明亮。体型不胖不瘦，动作敏捷。据考证，此种猫的祖先是埃塞俄比亚猫，后在美国混入其他血统，便形成了此种猫。此种猫是目前英、美等国家最受欢迎的品种。

养鱼

人们休闲中最愿意像鱼一样，在清澈的水中自由自在地游弋了。所以在休闲生活中养几条观赏鱼，如千姿百态的金鱼、形状奇妙的热带鱼等，可以在享受鱼之乐中更舒心地享受人生的悠闲和快乐。这种陶冶情操，愉悦心胸的美的享受，会使一天的劳累顿然消失。

养鱼还能使人热爱生活，增长知识，美化家庭环境。体态神姿各异、五彩纷呈的观赏鱼穿梭于小草荡漾之间，无论是谁看了都能缓解心理忧烦浮躁和生理疲劳。鱼的生机会为人的生活带来无限活力，观赏鱼时的心境是妙不可言的。而要能真正用一定的审美观念饱览鱼的美，是需要一定的知识素养的。而养鱼的知识涉及的范围就更广泛，所以养观赏鱼的过程也是增长知识的过程。房间里放几盆鱼，能格外增添家庭的文化氛围和清雅的情趣，所以养观赏鱼又是美化居室的一项重要内容。

观赏鱼可以说是"天然的艺术品"，这种艺术品的自然美是客观的，然而人们对这种天然的艺术品所付出的劳动，不仅仅是简单的体力活，也有着科学、艺术相结合的高难技术。因此说，养鱼不是一项简单劳动，而是一项知识含量较高的技术劳动和艺术创造活动。

养鱼基本常识

观赏鱼是一般人都喜爱的，在休闲生活中饲养一些观赏鱼，自然是一种难得的乐趣。但是，有些人也感觉到，观赏鱼虽然很可爱，可是真的饲养起来就很难，而看别人饲养，又觉着很容易，一旦自己饲养，不是鱼发育得慢，就是无缘无故地死亡。有的似乎今天鱼还好好的，明天就不行了。

由此看来，要想欣赏鱼的情趣，就要学会饲养鱼。其实饲养鱼只要将一些基本常识掌握好，并在实际饲养中注意观察，将各种观赏鱼的习性掌握了，饲养起来也就得心应手了。

掌握观赏鱼的生活习性及发育生长的生理特征，在其个性发育生长的整个过程中供给并满足它们适应的水质、水温和饵料等生活条件，同时注意日常护理工作，及时发现问题及时处理，就能维护与确保鱼的生命活动的顺利进行。

下面分四个方面介绍一下有关观赏鱼饲养中的一些基本常识，供养鱼爱好者在饲养观赏鱼时参考。

水质、水温

有句俗话叫做"养鱼须养水，水好鱼自在"。从某种程度上说，在饲养观赏鱼中，如能将水调节好了，那么鱼也就基本养好了，至于饵料、护理等饲养过程，也都要以水质、水温如何为前提条件。

观赏鱼生存、健康的关键决定于水质。我国南方的水质基础是中性的软水。中性水是不含酸不含碱的水。水的酸碱度通用的标记是 pH 值。pH = 7，水呈中性；pH > 7，水呈酸性；pH < 7，水呈碱性。所谓软水，就是水中金属类矿物质少。硬水就是水中金属性矿物质多。我国北方的水一般硬水较多。各类鱼生长在不同的地区，适应的酸碱度也各不相同。pH 值调节得如何，是饲养好观赏鱼的关键。实际经验证明，用化学药剂来调节水的 pH 值是可行的。用磷酸二氢钠与水配成 1/100 的药液，放在鱼缸充分搅拌，可使水变成弱酸性的水。用碳酸氢钠与水配 1/100 的药液逐渐放进鱼缸充分搅拌，可使水变成弱碱性。最后使用 pH 值比色剂或是用 pH 值试纸测试一下（pH 值试纸测试误差较大）。一般来说水质偏碱性对金鱼生长有利，但是对某些热带鱼又不利。这就要在日常护理中及时发现和及时处理。

氧气对观赏鱼来说是很重要的因素。溶于水里的氧气多少，取决于温度的高低。一般来说水温高，氧溶量就小，水温低，氧容量就大；水和大气接触面大，氧容量就大。水中杂质的多少也影响氧容量，水中杂质多少与氧溶量成反比。

在一天内，不同的时间水的含氧量不同，尤其是在白天和晚间，水里的含氧量差别较大。水中含氧的多少，可通过观察鱼的位置来判断。如若鱼浮于水面，则说明水中含氧量少。

饵料

饵料是金鱼生长发育的重要因素。金鱼对饵料选择并不严格。有许多家庭为了饲养方便，有什么喂什么。如大米、馒头、面包、玉米花及牛、羊肉等，总之，喂它什么吃什么。金鱼有"饥不择食"的本领。有些人喂养比较精心，常跑远到郊外找水坑捞浮游生物给金鱼吃。这就需要了解金鱼的食性，弄清哪种饵料对金鱼的生长发育更适宜，更有营养价值。

天然鱼饵在大自然中凡适应鱼儿食性及口型的动植物都是鱼类的天然饵料。金鱼属杂食鱼，它的天然饵料繁多。如淡水中的浮游甲壳类就有数十种之多，还有很多微生物和植物都可供它们摄食。特别是浮游甲壳类的裸腹蚤，它具有滤食作用，可将水表面及水中的微生物和脏物滤食干净，有清洁水的作用，其营养也极丰富，它是观赏鱼最好的饵料。许多年来，中国古代培育金鱼，就是在自然界采集这类活水蚤喂鱼。跄虫的虫体较大而扁，皮厚壳刺较多，营养比较丰富，饲喂成鱼较好。这种虫经不起捕捞和搅动，一旦振动或冲洗，虫体立即脱落许多皮壳浮于水面。这种虫的残渣留在水中较容易变质，引起水质改变，因此，多将它制成虫干储存起来。剑水蚤的虫体小，体长分节，体色青黄，能在水中跳跃，又称为青蹦。它营养价值较低，容易死亡腐烂，最易引起水变质。这种剑水蚤冬天可在深水外捞获。水蚯蚓，又称为红线虫。虫体较大而细长，两端尖，成圆线形，体色鲜红。营养丰富，适合于大、中型鱼摄食。由于它生活在污泥中，所以虫体较脏，污染物不清。此种虫习惯往泥沙或石粒下钻，饲喂时须注意。防止它钻入鱼池底死烂，影响水质变化。

人工饵料是根据鱼的食性和口型，仿天然鱼饵的成分配制而成的全营养型鱼饵。一般将它分为两种类型：一种是肉食性人工鱼饵，另一种是杂食性鱼饵或代以素食性鱼饵。主要有鱼骨粉加其他植物粉剂或动物粉剂配制而成。这些人工饵料的形状，可加工成片或颗粒状储存起来，饲喂时较方便。

饲养容器

饲养观赏鱼的容器种类很多，以形状分为方、圆、椭圆或多边形等；以材料分为石、瓦、瓷、水泥盆和玻璃箱等；以容积分为大、中、小三种。现在人们普遍使用的是瓦盆和玻璃箱，在各地市场都可买到。

选购瓦盆的要领：正规的瓦盆，口圆而敞，略向内缩，盆的中部即腰凸突周围，盆的底座，圆而正，这样才平稳；将盆置于四周临空的地方使底座平稳触地，用卵石轻击盆口的边缘，音量清晰明亮，尾音延续较长，证明此瓦盆制造精细、盆体完整无伤；测量盆的高度和口径、盆腰及盆底的正常数据，盆的高度一般为40~45厘米，盆口、盆腰和盆底的比值为3：4：1。使用新盆之前，须用米汤或面汤将盆壁涮一遍，待它干后，用清水浸泡5~10天，将盆涮洗洁净，盛上养鱼的水，方可放养金鱼。

瓦盆养鱼优于玻璃箱。在相同条件下，瓦盆放养的金鱼数量可超它4倍；在瓦盆里养的金鱼体色较漂亮；人们观赏时都是从上往下看，观其正面也很方便。

日常护理

一般情况下，春季水温在6℃~15℃的范围内，鱼盆的水位应保持在8~10厘米的高度，让阳光充分照射。每日适当撒喂鱼饵，每周兑换新水三次，每次兑换1/3的旧水。每月涮洗鱼盆1~2次；当夏季水温达15℃~26℃时，鱼盆的水位应保持15~20厘米的高度，每日喂给足量鱼饵，可日喂二次，每日兑换新水一次，每次兑换1/3~2/3，每周涮洗鱼盆一次；秋季水温达20℃~34℃时，水位应保持20~25厘米高度，每日给适量鱼饵，日喂一次，每日兑换新水一次，每次兑新水1/5~1/2，每周涮洗鱼盆1~2次，严防强光曝晒；冬季水温下降到6℃~10℃时或更低些（严防冻冰），鱼盆的水位应保持20~25厘米的高度。此时金鱼已近入半冬眠状态，少喂或停喂鱼饵。

热带鱼的水温要偏高些，一般是在16℃~34℃。各种热带鱼所需水温还有一定差别。入秋以后一直到初春，饲养热带鱼需用电热器加温，使水温上升到各种热带鱼所需水温的范围内。

饲养工具

网：其中又可分为捞虫网、喂虫网和捞鱼网3种。

虹吸管：主要是用来换水，或是用来吸容器中的脏物。换水的虹吸管要粗些，而吸容器中脏物的虹吸管相对来说要细些，并要配有注射器，以吸收脏物。

温度计：主要是用来显示养鱼容器中的水温数据。

加氧机：主要是使空气中的氧溶于水，以使饲养容器的水中有足够的氧气含量。

此外，在饲养热带鱼时，还需有电热器，其功用是为鱼箱中的水加温。与电热器配套的还有控温仪。其作用是当电热器将水温加到一定程度时，自动断电，使电热器停止工作。有些热带鱼还需要灯光照明、灭菌和加温。

鱼病的防治

（1）烂鳃病。烂鳃病对观赏鱼危害极大，它直接影响呼吸器官，治愈率较低，死亡率较高，是观赏鱼疾病中的一大难症。此病不仅一年四季均有发生，而且发病快，传染性大。可分为细菌性烂鳃病和寄生虫性烂鳃病两大类。

细菌性烂鳃病，流行期以夏、秋季较为多见。

病症：鳃丝发白溃烂，附有白色黏液污物，严重时鳃盖骨内皮肤充血，鳃丝被腐蚀成一个圆形小洞。病鱼表现为呼吸困难，浮头，离群靠边，反应迟钝，体色发暗，软骨外露，不摄食，以至窒息死亡。

防治：在10千克水中溶解11.5%浓度的氯胺0.05克，病鱼水浴15～20分钟，多次方能见效。如同时能隔天为病鱼肌注一万单位青霉素，加强杀菌解毒能力更好。呋喃西林、孔雀石绿长期浸泡效果也较显著。中药五倍子1.5～3.75克，煎煮后取药液8～10滴调净水15千克，浸泡30～40分钟，一天浸泡一次。用此药时要根据病鱼具体情况，病轻时浸泡时间长些，病重时浸泡时间短些，因为病重抵抗力差，呼吸困难，容易当即死亡。用此药浸泡后，再用强的松4～5片，溶10千克水浸泡20～30分钟，此药液起解药液中毒及有刺激新陈代谢作用。

寄生虫性烂鳃病病症：鳃丝组织被病原体侵蚀破坏，失去正常鲜红色而呈苍白色。病鱼失去正常游动姿态，受惊后游动时晃头。不进食，呼吸困难，严重时体表变暗并有点状充血现象。如不及时治疗，最终窒息死亡。此病多见于夏、秋季。

防治：由指环虫寄生引起的烂鳃病在10千克水中溶解1克晶体敌百虫，病鱼水浴10～15分钟，杀虫效果较为理想。车轮虫寄生引起的烂鳃病用0.5克硫酸铜或增加0.2克硫酸亚铁，溶于10千克水中，病鱼浸洗10～15分钟。多次用药后，很可能收到根治效果。如用浓度为2×10^{-6}的福尔马林溶液水浴病鱼，效果也较好。

（2）白点病是小瓜虫病寄生在鱼体表面引起的病症，因此又名小瓜虫病。此病多见于晚春、深秋或梅雨季节，流行较广，危害性较大，成鱼、鱼苗都可发生此病，在鱼苗身上最容易发生，死亡的危险性极大。发病时，肉眼可见鱼体表、鳍、尾有许多小白点。

病症：多子小瓜虫常成群地寄生于病鱼的体表、尾鳍或鳃部，在鱼的皮肤、鳍条、鳃部出现许多白色的点状囊胞，体表的黏液显著增多，鱼体游动迟缓，浮在水面，倒鳍、尾鳍打绺呈尖状，腹鳍紧贴腹部，食量大减。严重时，病鱼周身胞囊密布，停止摄食，呼吸困难，肌体消瘦，逐渐死亡。

防治：用0.05～0.07克的红汞水浴病鱼，或稀释成更低的浓度，全池泼洒，同时加强光照，隔天用药，一周后胞囊逐渐脱落，病鱼即能恢复健康。用五十万分之一醋酸亚汞、硝酸亚汞调净水浸泡，水温15℃以上时1～1.5小时；水温在15℃以下时2～3小时，一天一次，一般两天可愈。每次浸泡时原容器中老水全部倒掉。浸泡后将鱼放进净水中泡40分钟后放回水质更新的容器中。以上两种药品均系剧毒品，其剂量与水浴时间需严格控制。此外，调配此药时不能用金属容器。用$0.5×10^{-6}$的孔雀石绿溶液水浴病鱼，每次15～20分钟，效果较显著。将一砖块在尿液中泡一宿，取出晒干，放入鱼池，数日后即能见效。根据多子小瓜虫对温度的敏感性，把饲水升至28℃～30℃，一周后病鱼体表的胞囊纷纷脱落，然后更换新饲水。

(3) 白头白嘴病。致使鱼患上白头白嘴病的因素较多，主要由黏细菌侵染和由车轮虫寄生引起。幼小的金鱼和红鲤鱼对此病较敏感，成鱼通常不发病。发病开始时仅死亡二三尾，次日便大批死亡。5～8月较流行，蔓延迅速。此种病常见于5～7月，蔓延很快，对鱼苗的威胁较大。

病原体是黏细菌。病症：病鱼的头部和嘴圈逐渐变为乳白色唇似肿胀，以致嘴部不能张闭而造成呼吸困难，并不停地浮头。病情严重时，病部发生溃疡，表皮发黑，并迅速消瘦，以至死亡。个别病鱼颅顶和瞳孔周围有充血现象，呈红头白嘴症状。

防治：当年小鱼适当稀养，并经常喂以水蚤、剑水蚤、水蚯蚓等活饲料，对预防此病发生有明显的作用。用中药大黄1%浓度，浸洗5分钟，也能起到良好的预防作用。用百万分之二点五或百万分之三点七五浓度的大黄溶液，每0.5千克大黄（干品）用10千克淡的氨水浸泡12小时后全池遍洒。用2%浓度的食盐溶液，水温32℃以下时，浸洗5～15分钟。上述两种药物和处理方法对此病均有较好的效果。在10千克水中溶解 1 克呋喃西林，病鱼水浴 10~20 分钟。需多次用药，方能收效。

由车轮虫寄生引起的白头白嘴病：此种病多见于 5~8 月，蔓延迅速，苗鱼的发病率高于成鱼。病原体为车轮虫。

病症：金鱼体表被大量车轮虫寄生后，额部和嘴圈周围的原色逐渐消失，而转为灰白色，精神呆滞，呼吸不畅，食欲减退，常离群独游。严重时，其额与嘴受感染而发生溃疡，由消瘦而渐至死亡。防治可参照烂鳃病中关于杀灭车轮虫的方法。

中国金鱼

金鱼素有金鳞仙子、水中牡丹之美称，其品种繁多，姿容各异，是观赏鱼中非常受欢迎的品种。

中国是世界公认的金鱼的故乡。16 世纪初我国金鱼传入日本，17 世纪传入葡萄牙，18 世纪中叶传入美国。中国金鱼是由红色和黄色赤鳞鱼经过人工世代精心培育而形成的观赏鱼。大约是从唐代开始，赤鳞鱼被佛教当做放生对象而放养在放生池（当时的放生池规模大如西湖，小如庭院池塘）中，开始由野生状态进入半家化饲养阶段。到了南宋时期，金鱼池开始代替了放生池。皇家及一些皇公贵族、士大夫阶层开始竞相精心饲育金鱼，并开始出现白色、红白相间、金黄及花斑等品种，到了明朝，金鱼开始大规模地从池养过渡到盆养、缸养。在体形上开始出现双尾、长鳍和凸眼短身，初步形成了现在金鱼的雏形。同时，饲养金鱼也逐渐社会化，由上层皇宫贵族开始进入了民间。这样就使更多的人开始在金鱼的饲养和品种选择上下工夫，使金鱼的品种日益朝着人们喜好的方向发展。至晚清道光年间，金鱼品种已达 54 种之多。

目前，金鱼品种繁多，美不胜收，如果从大体上来归类，则有四种。

文种

这类金鱼体形短圆，各鳍发达，尾鳍分叉，在四叶以上，俯视体形似"文"字。头尖，眼球正常，有红、白、紫、蓝、黄等多种颜色。

蛋种

这类金鱼头钝，体形短壮，呈卵圆形，眼球平直，无背鳍。尾鳍长短差异很大，分叉为四。颜色也有多种，其中尤以水泡眼、绒球、虎头等较为名贵。

龙种

这类金鱼两眼大而眼眶凸出，位于头部两侧，左右对称，眼球乌黑而发亮，似传说中龙的眼睛。体短，尾鳍四叶，背鳍高耸，颜色繁多。

龙背种

这类鱼体形短，无背鳍，眼球凸出，尾鳍分为四叉。主要颜色有红白、红色等。

在挑选金鱼时，主要从形态、色彩、动态三方面来选择。

形态

形态以品种特征明显，鳞片整齐无损者为上品。尾、腹、胸、臀鳍要对称，长短符合各品系要求。尾鳍以多为上品，背鳍以高而挺拔，又直又长者为佳。

头部是金鱼性状变异最多的部位，其中主要有水泡、龙眼、朝天龙之别。龙眼要眼大且圆，左右匀称；朝天龙要整个眼球突出眼眶骨，并要左右对称。头部变异有高头类金鱼，以肉瘤发达隆起呈四方形为好。

色彩

无论鱼体是何种颜色，通体浓艳鲜明者为上品。单色鱼以通体色纯无瑕为佳品。双色鱼以色块相间，杂而不乱，色泽明快为佳。色泽以不易褪色或变色者为上品。

姿态

姿态佳者的标准，一般应是静止时体态应保持平衡，不侧不偏，尾鳍下垂。游动时，体态要保持平稳，不能歪扭于一侧，整个游动的姿态要轻盈优美，似翩然起舞一样为佳。

鉴别金鱼品种的优劣，除上述三条标准外，一些有经验的观赏鱼爱好者还注意到，上品鱼一般都在水盆中间游动，而那些靠边不愿动的鱼，基本都是下品鱼。同时还注意到，一条饲养得法的金鱼可存活15年左右，但观赏的黄金时期却只有3~4年，金鱼到了第五年就逐渐老化。因此，即使是品种高级的金鱼，一旦游动迟缓，色彩暗淡（这一点尤其突出），一般也就超过了5年，其观赏价值也就相对降低了。

金鱼虽然品种繁多，姿容各异，其中较受观赏鱼爱好者赞许的有以下几种。

水泡眼

水泡眼属于蛋种金鱼，体呈卵圆形，眼球底下侧各有胶质膜，其中充水而呈泡状，随鱼的生长而增大。比较珍贵的水泡眼两侧对称的水泡体积之和能超过鱼体的体积。无背鳍，尾鳍中长。体色有鲜红、深蓝、墨紫、五花等色。这是十分名贵的品种。

虎头

虎头也属蛋种金鱼，这类金鱼体形似鸭蛋。头上的肉瘤把整个头部包裹起来，两侧眼球周边被包埋，形成细小的眼孔，背上无鳍，腹部肥胖，尾鳍短小。体色有红、黑、白、五花等色。头顶朱红，体色银白的红头更是驰名中外。

红狮头

红狮头属文种金鱼，这种金鱼头上的肉瘤堆呈马鞍形，有的呈凸包状，在头的正上方形成一个"王"字顶，因此又称王字头。体色呈金黄、鲜红、橙黄。与红狮头体形相同的还有五花狮头，也是名贵品种。

珍珠鱼

珍珠鱼也属于文种金鱼，其特点是遍体珍珠鳞，尾鳍长，以长尾球形珍珠而得名。体色有红、紫、五花等。

龙睛球

龙睛球属龙种金鱼，特点是有对膨大凸突如龙眼般的大眼睛，鼻膜呈鲜花状绒球，尾鳍较长，体色有红、紫、黑、蓝、黄、白、五花等色。其中尤以金黄色龙睛球最著名。

望天球

望天球也属龙种金鱼，其特点是有两个膨大的眼球，瞳孔向上，鼻膜呈鲜红的花球，尾鳍短，体色金黄或赤黄色。

此外还有鹤顶红、蓝龙、玻璃等品种也较名贵。

热带鱼

热带鱼是指产于热带或亚热带淡水河流、湖泊中的一些五彩缤纷的观赏鱼类。据有关资料记载，分布于热带河流中的热带鱼有数千种，可供家庭观赏饲养的品种约300种，能人工繁殖的可达100余种。距今

130多年前，德国有一本杂志介绍了一种在玻璃缸里放养鱼和小草，并介绍了供人观赏的方法，这大概是世界上最早向公众介绍热带鱼饲养的资料。

家庭饲养热带鱼传入我国大约是在20世纪初。近年来人民生活水平提高的同时，爱好热带鱼的人越来越多。通过观赏、饲养热带鱼，人们既可以从中得到良好的精神调节，又可以在饲养过程中提高、丰富自己的科学知识水平。

热带鱼种类繁多，供观赏的热带鱼品种也不少，这里仅将一些主要供观赏的热带鱼介绍如下。

神仙鱼

神仙鱼是热带鱼的主角。它以其高雅、雍容及优美的体态博得人们的欣赏，有热带鱼皇后的美称。热带鱼一般性情温顺，姿态俊雅，色彩多样，现已发展许多品种，如黑仙、白仙、灰仙等，其产地主要是圭亚那、亚马孙。

神仙鱼体长15厘米，体高可达20厘米，呈菱形，侧扁神仙鱼饲养的水温需在22℃～26℃左右，水质必须保持清澈透明。冬季水温也不能低于20℃，否则会影响鱼体的新陈代谢活动。

如果根据神仙鱼的鱼鳍长短分类，可分为长尾神仙、中尾神仙和短尾神仙。长尾神仙由于鱼鳍扯不开反而不好看，短尾神仙鱼鳍又太短，因此以中尾神仙为最佳。

地图鱼

地图鱼体型侧扁，椭圆形，属大型观赏鱼类，体长可达30厘米以上。体色以黑为主，鱼体上布满桂黄色斑块和红色条纹，斑块呈不规则状态，有大有小形似地图，因而得名。尾柄处有一黑色圆斑，外镶金色圆环，十分醒目。地图鱼品种比较多，如金地图鱼、花地图鱼、红花地图鱼，近几年市场上又出现一种白地图鱼，是地图的一个白化品种。

孔雀鱼

孔雀鱼又名百万鱼、彩虹鱼。体长4厘米左右，雌鱼可达6厘米。鱼体的前部1/3处为普通银灰色，后2/3处及各鳍均带有色彩，雄鱼色彩鲜艳，身体褐绿色，间有红、蓝、紫和黄色，犹如彩虹。体腹有数个蓝色小圆斑，其周围有淡色的环纹，似孔雀的尾翎，故名孔雀鱼。一般的孔雀鱼体形较小，但色彩斑斓，五彩缤纷，且尾鳍部位也形状各异，诸如剑尾、旗尾、扇尾等各具风采。

孔雀鱼是很容易饲养的大众化热带鱼品种，适应能力很强。而且繁殖能力也很强，大多数饲养过热带鱼的人都养过孔雀鱼，它是热带鱼中最普及的一个品种。孔雀鱼虽然很容易饲养，但要养好也需具备一定条件，只有水清、光线足、饵料足、温度适宜（18℃～28℃）、水质适宜才能养出色彩鲜亮，活泼可爱的孔雀鱼来。孔雀鱼由于性情温驯、活跃，有很多人研究它，有不少地区成立孔雀鱼会，并不断培养出新品种来，举行竞赛会等。

黑玛丽鱼

黑玛丽鱼体长形而侧扁，体长一般是5～7厘米，大的可达10～12厘米，全身漆黑如墨，尾鳍是扇圆形。全身仅有两处是白色的，黑眼珠外边是白色的，再就是鳃盖与鱼体相交处露出一丝灰白色，十分醒目。黑玛丽有许多较珍贵的品种，如高帆鳍黑玛丽鱼、燕尾黑玛丽鱼等。黑玛丽鱼喜欢生活在有较强光线的带咸味的水中，所以养该鱼的缸内应放些食盐，以利生长发育。

珍珠鱼

珍珠鱼体长10～13厘米，鱼体侧扁，椭圆形，尾鳍叉形，全身布满珍珠形斑点。自嘴部通过眼部有一条黑斑纹直达尾柄处，黑斑纹是由大小不等圆斑点组成。珍珠鱼是非常好饲养而且又比较华丽的一种热带鱼，它对水质、水温的适应范围很宽，而且不易患病，在12℃下也可以生活。珍珠鱼的性情相当温和，宜与各种小型热带鱼混养。

斑马鱼

斑马鱼又名花条鱼、蓝条鱼。体为条形，体长4～5厘米。体腹有似斑马样的纵纹，故称斑马鱼。背部橄榄色，体侧从头至尾有数条银蓝色纵纹，臀鳍部也有与体色相似的纵纹。斑马鱼色调独特，线条分明，活泼好动，不知疲倦，很受人们欢迎。此鱼对较低的温度（水温20℃～23℃）也毫不在乎。斑马鱼繁殖比较容易，而且成活率也较高，是一种很容易饲养和繁殖的热带鱼。

除上述品种外，热带鱼还有一些适宜饲养的名贵品种，如龙鱼、蓝宝石、红绿灯、丽丽鱼等。

饲养热带鱼主要是观赏其体态，色彩和姿态，因此鱼缸就要相对好一些，特别是要便于观赏。过去对饲养热带鱼有一种偏见，即普遍认为热带鱼不好饲养，其实热带鱼的饲养和管理并不困难，设备要求也不高，所费时间和精力也是有限的。因此在休闲时间饲养热带鱼，会增添无尽的闲情逸致。

选购热带鱼时要注意以下几点。

要问清各种鱼适应的水质、水温。特别是混养时一定问清楚，要选购同一水质、水温相差不大的鱼。

畸形、太瘦、身体表面没有光彩的鱼不要买；游水方式很奇特，单独一条离群的鱼不要买；鱼鳃有肿胀现象、鱼鳍有萎缩现象的鱼不要买；眼睛透明体混浊、鱼鳍充血或不太牢靠的鱼不要买；呼吸比其他鱼急促的鱼不要买；有白色大便悬挂或肛门有丝状物牵引的鱼不要买。

买来的鱼一般都是用塑料袋装的，塑料袋中水以放 1/3 为好，这样可以让 2/3 的空气溶于水中。水装得太满，鱼儿只能消耗水中氧气而得不到补足。买回来的鱼不要一下子倒进鱼缸，这样会使鱼不适应突然的温差或水质而死去。应连同塑料袋一起放入鱼缸大约 15~20 分钟。等温度基本没有差别后，打开袋口，将鱼缸的水徐徐加入袋内，再贴水面将鱼倒入缸中。鱼进缸后最好不要一群人围在缸前观看，更不要用手敲缸。鱼如果吃食了，就说明已适应环境。买回来的鱼一般说要到第二天喂食才好。

养鸟

养鸟、遛鸟、赏鸟是我国的一大文化传统，历朝历代素有养鸟的习俗。观赏鸟以其优美的姿态，华丽的羽毛，悦耳动听的鸣声给人以美的享受和无限情趣。喜爱养鸟的人在观赏自己的鸟时，那心态和感受不亚于美术家欣赏自己的杰作。听到自己的鸟鸣，也不次于音乐家或演奏家欣赏自己的得意之作。这其中所不同的是，书画作品也好，音乐创作也罢，一般来说是主观精神产品，而养出几只好鸟来，则需要人与大自然的天然合作才行。人们就是以这种愉悦的心情和不辞辛苦的劳作才养出一只只好鸟来，也就是在这种愉悦的情趣之中，使养鸟活动成为一种奇特的养生之法的。

色彩艳丽、姿态优美是观赏鸟愉悦人们精神世界，达到休闲目的的重要方面。因观赏鸟的艳丽多彩的羽毛和灵巧奇妙的姿态，使人有重返大自然之感。人们在学习、工作中疲劳的时候，如果能观赏到鸟类多姿多彩的丰采神韵，一身的疲劳很快就会消失，从而得到无限的快慰。鸟类的观赏效果又有人工作品所不能比拟的特点，即鸟类有活生生的灵性。贾岛在一首《题戴胜》的诗中有这么几句："星点花冠道士衣，紫阳宫女化身飞。能传上界春消息，若到蓬山莫叙归。"这首诗所描述的是一种叫做"戴胜鸟"的，它头上戴有一顶显目的棕栗色羽冠，展开时好像一把花蒲扇，红棕色的体羽，配上洁白的横纹，显得体态独特，颇具风趣。养鸟既可调剂生活，陶冶性情，又可美化居室，美化生活，给家庭增添一番田园乐趣。古人从汉武帝时起就开始用鹖毛来装饰武将的头盔，以期激发壮士的斗志，这就是古代的"鹖冠之制"。这种服饰制度历代相袭，直到清代，因鹖马鸡日益稀少，猎取鹖尾已非易事，才将鹖尾改用孔雀翎，称为花翎。室内挂一鸟笼，里面饲养一只色彩艳丽或朴雅的观赏鸟即能为居室增添一些情趣。如果在适当位置插上一根鸟羽毛，或是用羽毛装饰其他用品，同样也能美化生活。观赏鸟带给人的不仅仅是美，而且是一种让人观赏时能感受到自然风味和生活灵性的美。这种美对愉悦人的性情有其他美不可替代的作用，这也是其他的休闲情趣不可替代的情趣，观赏鸟的宛转鸣声清亮悦耳，会唤起人们对大自然的陶醉。现代人生活在现代的生活旋律中，自然免不了听那些刺耳的噪声、交通工具的急驰声和鸣笛声。远离自然的风光水色，难听到大自然的天然音韵。如果能听到鸟类的千回百转的鸣声，然能唤起人们对大自然清新气息的记忆和向往。闻其鸣声不由人不想起"此曲只应天上有，人间能得几回闻"的名句。古人素有"鸟语花香"之说，鸟语同花香一样，可以沁人心脾，增添生活情趣，养性调情，延年益寿。

鸟类的种类繁多，应选择什么样的鸟进行饲养，这是初学养鸟的人最关心的问题。一般来说，如果喜欢羽色，可选择相思鸟、寿带鸟、蓝翡翠、黄鹂、红嘴蓝鹊等；如果喜欢鸣声可选择画眉、百灵、红点颏、黄雀、朱顶红、柳莺等。如果选择聪明伶俐、会学人语的，可考虑八哥、鹦鹉、鹩哥等。如选择善于争斗，可供比赛的，则有鹌鹑、棕头雅雀等。总之，我国观赏鸟很多，适合家庭养的不下100多种，可根据各人的不同爱好而定。只要能达到调性怡情，活动身体，养生延年的目的，不妨兴趣广泛一些。

在休闲生活中养鸟，要注意养鸟卫生，防患"养鸟病"，其中以"鹦鹉热"和"养鸟者肺病"多见。现将这两种主要"养鸟病"简要说明一下。

鹦鹉热是由于鹦鹉热衣原体通过养鸟者的呼吸道感染而传播的一种急性传染病。它分布在病鸟的血液、分泌物、排泄物，甚至在羽毛上。其排泄物干燥后随尘埃被吸入呼吸道而感染致病。该病初期症状类似感冒，会头痛、全身酸痛、乏力、发热等，出现高热，体温可达39℃～40℃。食欲不振、恶心呕吐，以及烦躁不安、失眠等，并出现肺炎病症。部分病人还有肝脾肿大、痰中带血、鼻出血及皮疹等。严重者危及生命。

养鸟者肺病是由于养鸟人吸入了与鸟类有关的异体蛋白。如鸟羽中的蛋白质、毛垢、鸟的涎水、鸟类蛋白质以及鸟身上的细菌之后引起的，表现为刺激性干咳、哮喘、胸闷、乏力以及不同程度的发热等。

在养鸟中为防止上述等养鸟病的发生，必须十分注意养鸟卫生。养鸟者不宜用嘴亲鸟。鸟笼或鸟舍要定期消毒清扫，清扫时最好戴上口罩、手套。清扫完后一定要洗脸、洗手。放置鸟笼的房间要注意通风，养鸟者要经常到室外呼吸新鲜空气。对于病鸟，要尽量不用手接触，以免感染病毒。

养鸟的用具

养鸟的目的在于观赏，因此，养鸟用具的准备，一方面应适宜鸟的发育和生长，一方面也要美观、讲究。如果名贵的鸟养在简陋的用具中，不但破坏了审美情趣，而且不利于鸟的生长发育。

一般来说养鸟需要以下一些用具。

鸟笼

鸟笼可以自己亲手制作，也可以到市场直接购买。但是无论是制作和购买，都要注意不同的鸟要有不同的鸟笼。也就是说鸟笼要适宜鸟的生态习性。

鸟笼一般常见的有圆笼、方笼、房形笼等，按材质分又有竹制、木制、金属丝编织及一些植物编结的等。又有按大、中、小型号分的鸟笼。除了要注意形状、大小、材质外，最重要的是要注意选择适宜不同种类的鸟生长驯养的鸟笼。如画眉笼有板笼、壳笼两种。板笼又称暗笼，上方、背面、左、右均用薄木板或竹片封围，只有前面用笼丝做成。还有的是左、右笼墙均有一半被封围的，这都是为了便于入笼的新画眉鸟的驯养。再如八哥笼，就要相对大一些，主要是为了适合八哥鸟的生活习性。还有的鸟笼就要小一些，以精致小巧、工艺精湛取胜，这是要适宜一些体积较小的鸟的生态需要。

食缸水罐

一般鸟笼的食缸与水罐是配套使用的，只有个别鸟使用曲颈水罐。食缸一般都选用瓷缸，而且要成对。常见的鸟食缸可分为粟谷缸、粉料缸和菜缸3种。粟谷缸一般口小腹大，以防止鸟啄食时谷子等物被啄出缸外。粉料缸大多是直口、平底的浅缸，以供鸟取食方便。菜缸是可贮清水并能放置蔬菜的食缸。

其他用具

饲养鸟所用用具很多，像食料夹、食插、水壶等，可视情况适当配置。其中有一些则是必备的，不能代替。如笼衣，是用不透明的色布制成的，要与鸟笼的大小相一致，用以遮罩鸟笼，不致透光。再如浴缸，是供鸟洗澡用的，口大、底浅的瓷缸，加入清水后，供小型鸟洗浴用。再如人工巢，是根据不同的鸟类设置的，以供其在笼内繁殖。

养鸟饲料

供好食是饲养鸟的关键。鸟是消化过程很快的动物，它要不停地进食。因此对饲料的要求一是要及时，二是要选用各类鸟适宜生长发育的饲料。

鸟的饲料一般来说分为主食饲料、辅助食料、保健食料3种。

主食饲料主要有大米、稗子、玉米、高粱、糜子、谷子等。

辅助饲料一般来说是指含脂饲料，如苏子、麻子、菜子、松子、葵花子等。这些辅助饲料主要是根据天气季节和鸟的生长发育情况来供给。

保健饲料主要是指青菜饲料，包括一些水果等。如白菜、油菜、苜蓿叶、胡萝卜、苹果、梨、香蕉等。这些饲料有的要切成片或碎粒才能喂食。

同时，鸟类还需要一些矿物食料，如蛋壳、骨粉等，以助消化和增加钙质。

观赏鸟介绍

云雀

云雀也叫告天子，其鸣叫声柔美而嘹亮。因其常骤然从地面向高空飞起，边飞边鸣，高歌入云，故得名云雀。云雀的羽毛大部分是棕褐色，有黑褐色斑纹。翅羽及尾羽暗褐色，最外一对尾羽呈纯白色，胸部棕白色，密布黑褐色斑。成鸟后头部羽毛稍长，略呈冠状。嘴壳灰褐色，脚趾肉褐色。

饲养云雀需用高大的圆形竹笼，这主要是由于云雀善于高飞和步行。笼内不设栖架，因为云雀适于在近水的草地上步行，从来不栖息于草木枝头。可在笼内设一高13～16厘米左右的木台，供鸣唱时栖息。笼底应垫些细沙，供其沙浴。食水器具可挂在笼外，在食水器具旁设一孔洞，供云雀伸头取食。饲养云雀最好是从雏鸟开始，便于驯养和调教。雏鸟期间可用蒸熟的绿豆粉，混合熟蛋黄为饲料。雏鸟渐长后，可适当增加绿豆粉的比例。成年云雀的饲料，可以鸡蛋小米和混合粉料为主，还可补喂一些青菜和昆虫等。

云雀既可供观赏，也可经过驯养和调教后听其鸣唱，其柔美的歌声十分动听，可以为休闲生活带来无穷的乐趣。

画眉

画眉是一种能唱善斗的观赏鸟。一般来说画眉以善于鸣唱闻名。画眉的鸣唱声婉转悠扬，音调高亢，尤喜在傍晚时鸣唱。

在选择画眉时要以鸣唱作为主要标准，好的画眉鸣唱声嘹亮多变，鸣唱时头部高昂，尾部下垂，身体不晃。鸣唱时间长者为上品。选养画眉以出生一年左右的幼鸟为好，这个年龄段的画眉羽毛柔软，是其主要标志。一般来说，画眉以蛋炒米为主要食物，还可喂些蝗虫、油葫芦等小虫。冬季如果没有小虫可喂，可以瘦肉、小虾来代替。养画眉还要注意驯，即在笼外蒙上布罩，早晚将其带到林中去遛。因为树林等绿化地带空气清新，能激发画眉兴奋而引颈高歌。经常遛眉，可以将画眉驯为上品。

百灵鸟

百灵鸟的灵性极高，不仅能够模仿多种鸟鸣，还能模仿狗叫、鸡鸣等。百灵鸟的鸣叫声是十分优美的，在鸟中有"歌唱家"的美称，是养鸟爱好者极为宠爱的品种。

饲养百灵鸟要准备一个大些的鸟笼，高度要在0.3～1米。笼高是为了适应百灵鸟高飞的特点。鸟笼一般是竹制的圆笼，笼内不需设置栖木，而要设置一个供它栖息和鸣唱的圆台架。笼底还要放一层沙子，以供百灵鸟沙浴。食罐和水罐可置于笼外。饲养百灵鸟的主要饲料是谷子、苏子、黍子、小活虫等。小米拌鸡蛋则是最好的饲料。百灵鸟的饲料、水要每天添换一次。饲养百灵鸟最好是从雏鸟开始驯养（当然，用高价购买驯养成熟的百灵鸟更好。从野外捕捉的成年百灵野性难收，不易调教，所以一般人不饲养这样的百灵。）驯养百灵鸣叫的方法，一般是采用已经学会鸣叫的百灵鸟带叫。也可以采用遛鸟时听别的鸟鸣的方式。将一只雏鸟驯养成能鸣叫的成熟百灵，一般需要3年的时间。每年的3～4月份，是百灵鸟的发情期，叫声频繁优美，在这时驯练百灵鸟鸣叫是最好的时机。在此时要注意提高饲料的营养成分。

百灵鸟产于我国的东北及内蒙古的广大地区，生性桀骜不驯。所以，在休闲时间，如果能够将这种灵性颇高，而又难于驯养的鸟驯养成既能鸣叫得优美动听，又能模仿一些特殊的声音是极为不容易的。但这种驯养活动，又恰恰为人们带来了休闲中的一种乐趣。而且，百灵鸟是不辜负主人对它的驯养的，它会以"歌唱家"的特有方式，回报人们对它的一番苦心。苦后有乐，正是人们所追求的休闲内容。

黄鹂

黄鹂也叫黄莺，通体金黄色，由额部通过眼围有一条宽阔的黑纹。翅羽大部是乌黑色，中央尾羽也呈黑色。嘴壳粉红色，足趾铅灰色。黄鹂鸣叫声清脆动听，金黄色的羽毛十分美丽，饲养黄鹂既可观赏体色，又可听其鸣叫声，能为休闲生活带来大自然的气息，格外有情趣。饲养黄鹂应在供观察的板式笼内，驯熟后再转入玩赏用的竹笼内。黄鹂一般来说不太好饲养，捕获的成鸟常因烦躁不安拒食等原因给饲养带来一定困难。因此要想驯养野生成鸟，要为其提供比较安静和暗光的环境，还要用活昆虫诱食，才能取得比较好的效果。

黄鹂的饲料，可用混合粉料和鸡蛋大米，再喂些软性瓜果，或少量昆虫。饲养黄鹂的环境温度要在15℃～20℃左右，冬季还须有阳光照射。虽然饲养黄鹂鸟较困难，但是苦中自有其乐，只要细心观察摸索，掌握了黄鹂的习性，饲养起来也并不困难。

黄雀

黄雀，俗称是黄鸟。其外观特征是黑翅、绿背、黄腰。羽毛光洁，是最常见的笼养鸟之一。黄雀外形美丽，聪明灵秀，经过驯养，不但能学多种鸟叫，而且还能表演逗人喜爱的一些动作。如叼一些轻量的物件等。过去旧社会中，一些人将其驯练后，可以辅助抽帖，人借鸟力，以蒙骗更多的人上当受骗。黄雀清脆悦耳的鸣叫声也格外逗人喜爱。由于黄雀既能鸣叫，又能表演一些小动作，因此格外受到一些养鸟爱好者的宠爱。饲养黄雀一般都是用竹制的圆笼。在距笼底7厘米处装2根用于黄雀栖息的木棍。栖木的两端放一个饲料瓷罐和一个水罐，这样吃食和饮水都极为方便。饲养黄雀，以苏子作为主要饲料。在野外，黄雀的主要食物是植物的果实种子（草子等）及多种小昆虫。家庭饲养除苏子外，还可喂一些水果碎块或一些小活虫。黄雀的特点是喜欢清洁，所以食罐和水罐一定要保持干净、卫生。家庭饲养黄雀，如果是从野外捕来的，驯养时要先把鸟翅捆上，投入圆笼，蒙上笼罩，定时喂食和饮水，使其与外面隔绝，以去其野性。如果黄雀在笼中上蹿下跳，可用水喷湿它的羽毛，就会使它闹不起来了。经过一段时间，黄雀的野性也就没了。

休闲时间饲养、驯练黄雀,既可享受黄雀啁啾的动听鸣叫声,又可观赏它那灵巧的表演,格外有情趣。如果再联想到"螳螂捕蝉,黄雀在后"的典故,就更能增加对这小精灵的喜爱程度。

虎皮鹦鹉

虎皮鹦鹉羽毛色彩绚丽,斑斓如虎皮,因而得名。它头顶圆平,嘴壳钩曲,而大。常见的颜色有浅灰、黄、天蓝、绿、白等。

饲养虎皮鹦鹉的笼应是方形或圆形铁丝笼。不宜用竹笼,因为鹦鹉有啃食的习惯,竹笼容易被啃坏。笼子要相应地宽大一些。饲养鹦鹉的饲料以带壳的种子为好,尤其是小米和稗子。还可经常喂一些油菜、白菜或胡萝卜丝,再给一些沙粒或黏土块。每天宜定时、定量喂养,一次喂量不宜过多。在鹦鹉孵化和育雏期,要适当增加营养成分,多喂一些青菜和水。

鹦鹉经过驯练可以学会说话,但达到这种程度是相当难的。据介绍,这需要将鹦鹉单只饲养在安静环境中,每天听同一单调的话20~30次,大约经过一周的时间就基本能学会这同一单调的话语。一般来说,驯练鹦鹉是达到手持玩赏的目的。这需要从幼鸟时就开始训练(一般是从出壳后2周即开始),每次喂食放在手上饲喂,用它喜欢的葵花子等引诱,当它跳到手上后喂食,并轻轻抚摸鸟背。继续驯练,还可教会鹦鹉爬梯子、翻筋斗等小动作。

虎皮鹦鹉原产地是澳大利亚,目前世界各国均有饲养。虎皮鹦鹉经过长期的人工培育,已形成了许多品种。在选鸟时要注意挑选发育正常,羽毛完整,眼圆大而有神气的。

灰喜鹊

灰喜鹊也叫山喜鹊,是为人们所熟悉的鸟类。灰喜鹊虽然不是什么名贵的观赏鸟,但是正因为其"粗俗",饲养起来别有一种山村的野趣感。

灰喜鹊如仔细观察,也不失为一种独具特色的观赏鸟,它头顶、头侧及后颈部均为乌黑色,在阳光下有蓝辉色光泽。背部、肩部及腰为土灰色,领圈灰白色。尾羽天蓝色,中央一对尾羽很长。下体灰白色,颏、喉及下腹近于白色。嘴壳乌黑色。灰喜鹊较易饲养，饲养时用高大的露天笼舍就可以。为便于驯化，最好从雏鸟开始饲养，易于成活，也容易驯养和放飞。灰喜鹊以食松毛虫为主，人工饲养时饲料也较广泛。幼鸟时可喂些碎肉、菜叶泥等，还可喂些由豆粉、花生粉和骨粉配制的混合饲料。灰喜鹊驯养成熟后，可以围着人飞舞鸣唱，也可以放飞，并可按照驯练的规定哨声做出一些相应的条件反射动作。灰喜鹊的粗俗野趣会给人们的休闲生活带来大自然的生机。

养花

人们爱花、养花、赏花，似乎已经成为一种习俗。随着社会的进一步发展，人们又有了用花的习俗。如近些年来插花（这里主要是指鲜花）的日益突飞猛进的发展，人们在交际场合也大量地为鲜花派上了用场。如各种交际场合将鲜花作为一种礼品赠送，或是作为饰物（如胸花）佩戴等。家庭的养花、插花更是较为普遍的现象。人们用花来点缀生活，创造出优美的学习、工作、生活环境。而花的净化空气的作用更是为人们所喜爱。可以这样说，花是丰富文化生活不可或缺的。而且由于人们对花的长期钟爱，又将花加以拟人化，将人的感情传达给花，让花的外形和人们的感情寄托在一起，以花拟人，以人拟花。

在休闲生活中养花，赏花，其运动身体，调节精神，丰富人们感情世界的作用是自不待言的。因此说，在所有的休闲方式中，也许养花的方式是最为普及了。

目前人们在休闲生活中所养的观赏花卉，种类和品种是相当多的，分类方法也很多。如果按照观赏目的不同，则可以把观赏花卉分成这样三大类：一是观花类，主要是观赏其花朵的形状、颜色、香味等，如月季、菊花、牡丹、海棠、米兰等；二是观叶类，即主要是观赏叶子的形态、颜色等，如吊兰、橡皮树、文竹等；三是观果类，即主要是观赏果实的形状、颜色等，如石榴、金橘、南天竹、五色椒等。当然，上述的分类方法也只是相对的。有些花卉是既可观花，又可观叶，有的则是花、叶、果同时可观。

　　毫无疑问，如今供人观赏的千姿百态五彩六色的花卉都来自大自然的天工养育。这些花卉来自大自然，自然会给人类带来大自然的气息。然而。经过人工培育的花卉，又给大自然带来新的生机。花是自然美的象征，这其中既有大自然的勃勃生机，又注有人类的聪明才智。

　　中国是许多著名花卉的故乡，也是世界上人工栽培花卉最早最多的国家。正是由于这个原因，中国被世界公认为是"花园之母"。18世纪，为了让珍贵的中国月季品种能安全地从英国运到法国，英法两国海军竟暂时停战，由英国派船送过海峡。可见，人类对花卉的普遍热爱之情。

　　我国人工栽培花卉已有3000多年的历史，前11世纪的殷商时期，就已有人工栽培花卉之说了。春秋末期，吴王夫差在会稽营造梧桐园，广植花木，是有关观赏植物栽培最早的文学记录。又据《三辅黄图》记载，汉武帝"初修上林苑，群臣远方各献名果异卉三千余种"。当到了晋代时，菊花已成为重要的观赏花卉。这有陶渊明的著名诗句"秋菊有佳色"为证。到了唐宋时期，由于花卉栽培已有了极大的发展，继西晋的《南方草木状》最早的一部花卉园艺专著及南北朝时期的农学巨著《齐民要术》之后，又出现了《菊谱》、《范村梅谱》、《扬州芍药谱》、《洛阳牡丹记》等大批花卉专著。到了明清时期，北京地区的花卉业更是盛极一时。据《帝京景物略》载："都人卖花担，每辰千百，散入都门。"可见当时花卉业发展之盛况。

　　国外的花卉人工栽培史也可上溯至3000多年以前。在埃及的金字塔里曾发现有茉莉的种子和叶子。

　　进入20世纪70年代，随着科学技术的飞速发展和人类对观赏花的大量需求，花卉的人工栽培进入了一个新的时代。除了许多发达国家在花卉生产繁殖上实行了工厂化育花外，花卉的产销方面也出现了世界性市场。如荷兰的花卉市场，不仅销售本国的花卉，也转销来自世界各地的切花，供应欧美。花卉生产成为一个蓬勃发展的新兴产业，国际市场年交易额高达数百亿美元。

　　在一些发达国家，养花已普及到每个家庭，甚至有人认为没有花的住宅是无人居住的。而我国近些年的养花业也形成了大发展的势头。

花卉不仅以其花型、花姿、花色为人类提供一种精神上的美感享受，而且在生理上能起到一定的调节作用。人们在紧张工作之余，或漫步于庭园，或流连于花展，尽情欣赏花卉之色、香、韵、姿，陶冶性情，增添生活情趣，有益身心健康。

花瓣中的花青素、类胡萝卜素及叶中的叶绿素，随着植物细胞液中的pH值不同，而显现出千变万化的色彩，影响着人的情绪。火红的石榴花使人感到热情奔放；白色丁香花给人悠闲淡雅的气质；雪青色繁密小花的六月雪，恬静安然，给人一种自然自在的美感，而花的绿色叶子，是保护眼睛、调节神经的理想色调。

花瓣中的一种细胞，通过光合作用，会分泌出芳香油，芳香油的挥发性强，它与人的鼻黏膜接触，刺激嗅觉神经，从而使人产生舒适愉快的感觉。不同的花会挥发出不同的香味，且香味的清、浊、浓、淡也不同，能引起人们的不同感受。如水仙、荷花的香使人感到温顺；紫罗兰、玫瑰的香味使人爽朗愉快、舒畅；橘子、柠檬的香味使人兴奋；百合、兰花的香味使人激动；菊花、薄荷的香味使人清新、爽朗。

养花爱好者可根据自己的个性和身体需要，选择自己所喜爱的花种。

休闲生活中养花，既要注意到花卉对人的精神、生理上的积极作用，也要注意到花卉在某些方面和某些时候会给人类生活带来一定的副作用。因此，在养花、赏花时就要注意处理好花与人的关系，尽量消除花卉在某些方面、某些时候给人类带来的一些副作用，而对其有益的积极作用，则要尽可能地充分发挥出来。

居室里放几盆花卉，既有美化环境、增添雅兴的作用，也可调节空气，有益健康。但是，一般花卉在夜间会同人一样吸收氧气，呼出二氧化碳。因此，倘若室内花卉太多，有害人体健康。

但是，有些花卉，如仙人掌科植物仙人掌、仙人球、令箭荷花、昙花等，都是在夜间吸进二氧化碳，起到净化室内空气的作用。除仙人掌科植物外，兰科的各种兰花，石蒜科的君子兰、水仙，景天科的紫景天等都有夜间吸进二氧化碳净化空气的功能。

有些花卉如茉莉、米兰、桂花、紫薇、月季、玫瑰等，能散发出具有杀菌作用的挥发油，有为空气消毒的功能。丁香花散发的丁香酚，杀菌能力比碳酸还强5倍以上。因此，这些花能芳香健脑，还能预防某些传染病，对牙痛也有安静止痛的作用。桂花的香气沁人心脾，有使疲劳顿消之功。茉莉的香味可使头晕、目眩、感冒、鼻塞等症减轻。

丁香、香草等装入布袋制成香囊，悬挂于室内，可以防治肺病、吐泻等疾病。

养花基本常识

休闲生活中养花，要掌握一些养花的基本常识，才能将花养好，也才能真正享受到养花的乐趣。

一般来说，盆栽花卉的养花常识要从花盆说起。目前养花常用的花盆有泥盆、陶瓷盆、紫砂盆等。一般花在生长期内最好用泥盆，到观赏期时再改用或套上陶瓷盆或紫砂盆。这主要是由于泥盆渗水、透气性能好，宜于盆花生长，而陶瓷盆和紫砂盆的渗水和透气性能都不如泥盆。花盆大小的选择要根据花卉的株形、植株大小和根系多少及深浅来定，不要过大和过小。

在上盆时（把花卉种植到盆里称上盆），要将花盆洞眼（排水孔）用碎盆片挡一下，形成"盖而不堵，挡而不死"的状态，以使浇水过多时能从洞眼中排水。然后放基肥（以蹄角片为好），铺一层培养土，再将花木放入盆中央，再慢慢地加培养土，加土至低于沿口2~3厘米后轻轻压紧。花种好后要一次浇透水（以水从盆底孔中流出为标准），然后放到蔽荫处10~15天，经常喷水保湿。待花木恢复生机后，转为正常养护。

盆栽花卉的植株生长1~2年后，由于植株逐渐长大，盆土肥力耗尽，就需要换盆，以避免花卉的根系和植株的发展生长受到限制。一般来说冬春生长开花的要秋季换盆，夏秋生长开花的要春季换盆。

浇水是养花最经常的养护工作。浇水要根据花木习性和气候条件的不同，适时适地进行。浇水时掌握"见干见湿"的原则，以表层干透，下层仍有湿气时浇透为宜。同时要掌握喜湿的花多浇，喜旱的花少浇；生长期多浇，休眠期少浇或不浇。浇水的时间大多在水温与气温接近时进行，夏季一般是早晚浇，冬季在中午浇。

盆花需要适时施肥。肥料可利用各种厨房废料来沤制。另外麻酱渣、骨粉、豆饼、蹄角片等也是盆栽花常用的肥料。施肥的方法分3种，即基肥、追肥、根外肥。基肥是在上盆前加入土中的肥料。以有机肥为主，如骨料、麻酱渣、碎骨块、蹄角片等。追肥是在花卉生长期追施的肥料，追肥一般是把沤制好的肥料或化肥加清水冲淡后浇入盆中，半月一次。根外施肥是将稀薄的化肥溶液喷在叶片上，通过叶片吸收利用。

花卉生长阶段需要进行适当的整形修剪，通过剪除多余枝条可以达到通风透光，调节控制生长发育，促使花卉生长旺盛，开花繁盛结果丰满，改变花期及节省养分等作用。同时也可达到花卉形姿优美，提高观赏价值等作用。

整形修剪可分为修剪、摘心、抹芽、作型等不同方法。修剪是要除去病虫枝、徒长枝、重叠枝或交叉枝等过密的枝条，以调整株形。摘心是将主芽摘去，促使腋芽长出，形成丰满的植株。抹芽是指将多余的腋芽、嫩枝、花蕾除去，使主枝生长旺盛和节约肥料。作型就是将一些花卉整理成有一定观赏价值的花型，作型可分几次进行，不要急于求成。

花卉的四季管理是非常重要的。春季是花卉出房的季节，由于气温是逐渐升高的，有时气温还会出现反复的现象，因此出房不要过早，要采取逐渐适应室外温度的办法将花移出室外。夏季气温较高，阳光照射强烈，要根据不同花卉对光照、温度的要求，放于适当地方。喜光的放在阳光充足处，喜荫的花卉则需要有一定的遮阳措施或是放在阴凉处。秋季气温转凉，要对花卉做好越冬准备工作，要做好翻盆换土、水肥的管理和修剪工作。盆花刚入室内要注意通风，中午气温较高时可将窗户打开。冬季气温低，花卉的新陈代谢减弱，对肥水的要求减少，盆土宜偏干一些。对已休眠及停止生长的花卉，冬季就不要再施肥了。

花卉品种的选择

一般来说，观花植物比观叶植物需要的光照要多，特别是室内冬季的光照条件。除有南窗的室内光照条件最好外，东窗、东南窗也是比较理想的。西窗阳光光照时间与东窗差不多，但是下午晒日光对有些花卉有害，尤其是夏季易灼伤花卉。因此，在选择花卉品种时就要将光照条件作为主要内容来考虑。

喜阳花卉：喜阳花卉是指在冬季每天至少有5小时的直接光照条件下生长良好的花卉。室内有东窗、东南窗或南窗条件的宜选择此种花卉。其中主要花卉品种有：仙人掌、秋海棠、杜鹃、山影拳、菊花、扶桑、茉莉、百合、生石花、石榴、月季、三叶草、三角花、变叶木、金橘、栀子花、凤仙花等。

半照花卉：半照花卉是指在冬季每天能接受2～5小时的直接阳光照射的花卉。除有正南和正北窗的室内外，其余朝向窗口的均可。春季和秋季最好能有间接光照条件。其中主要可选择的花卉品种有：文竹、茶花、吊兰、仙客来、花叶万年青、龟背竹、鸳鸯茉莉、孔雀木、常春藤、橡皮树、蟹爪兰、罗汉松、马蹄莲等。

半阴花卉：半阴花卉是指适应冬季一天中大部分时间有明亮光线，但没有或很少有直射的阳光照射的花卉。大多是一些观叶植物，如：菖蒲、龙血树、吊钟海棠、虎眼万年青、绿萝、荷威棕、铁角蕨、豆蔻、花叶芋等。

以上各种花卉品种的生长条件，大多是指在一定的条件下生长得好，而不是指离开某一条件不能生长。另外，现在居住条件一般都是2～3室，各种朝向的房间都有，在选择花卉品种时就显得更自由一些。必要时可以将花卉在几个房间的范围内搬动一下，或是换换房间，或是移动一下地点，也都能使花卉得到较理想的光照条件。

此外，楼房一般来说空气都比较干燥，在浇水的次数和数量上要适当考虑这个特殊条件，才能使所养的花更好地生长。

当然，选择花卉也不能仅仅考虑花卉生长发育的客观条件，也要有主观爱好的选择。所以说，在客观条件允许的条件下，还要有个人主观爱好如何的因素。在选择花卉品种时如能将主客观条件统筹考虑则是最好的选择。

名花介绍

梅花

梅花，据考证约起源于商代，距今已有4000多年的栽培历史，是我国著名花木。最初植梅是采果作调味品使用，大约从汉朝初年开始才作为观赏花木栽培。梅花近年被选为十大名花之首，多数人主张将梅花定为我国国花。

梅花是先花后叶，花芳香浓郁，呈单瓣或重瓣，有白色、红色、粉红色等。梅花品种多（有300多个品种），寿命长，可生长千年之久。自古以长江流域栽培最多，黄河以北一般只作盆栽。

梅花可用播种、插种、压条、嫁接等多种方法繁殖，但多以嫁接法为主。嫁接方法有切接、芽接和靠接3种。砧木以实生梅最好，亲和力强，根系发达，寿命长。也可用杏、桃、李作砧木。如在老干上靠接（在3~4月或6~7月进行，将接口裹成泥团，待接活后分开）或把老干一劈为二分别靠接，可加速形成梅桩。

盆栽梅花，最好的培养土是河泥，再用一半稻田土拌和就更好。梅树入盆后，在基肥的基础上浇足粪水，置于通风向阳处。

梅花的栽培管理比较简单，关键在于整枝。修剪一般是在花谢后换土时进行。修剪主要是剪去枝干上位置不当的徒长枝、重叠枝、交叉枝、枯枝和部分针状枝。后发的小枝年年修剪更新形成老桩。每年春季应更换盆土，上足基肥。6月中下旬应控制肥水，促进花芽分化。

盆梅造型，宜选取老桩，以古、怪、奇、枯兼具者为上品。

我国南北朝时风行艺梅、赏梅、咏梅。隋唐时植梅、咏梅之风更是盛极一时。以后，梅花就以其枝干苍劲，花朵端雅，香气沁人，神、韵、姿、香、色俱佳，成为高洁的化身，是刚强意志和崇高品德的象征。

目前，以艺梅、赏梅著称的有武汉磨山，无锡梅园。现存最古老的梅树是昆明曹溪寺的元梅。

月季

月季花又名月月红、长春花。月季四季开花，万紫千红，花团锦簇，溢香流彩。原产地是我国，据考证，已有2000多年栽培历史，被誉为"花中皇后"。

月季花有单瓣和重瓣2种，重瓣的花瓣数多至80片。主要有红、紫、白、粉红、黄、橙黄、绿等颜色。月季在全世界品种已达1万多种，我国就有1000多种。月季除个别品种外，一般均有皮刺，枝干多为青绿色。叶互生，奇数羽状复叶，小叶卵圆形或长圆形，有锯齿。

月季对环境适应性强，对土壤要求不严，但以富含有机质，排水良好的为佳。月季喜光（但不宜强光），喜温暖（气温在20℃~25℃最为适宜）。月季多用扦插或嫁接繁殖。扦插较易成活，一般宜在春、秋两季进行。

月季的管理也较简单，盆栽管理需勤施肥水。除冬季外，应每月施腐熟的饼肥、酱渣1次，每周追施1次稀液肥。花开后要及时剪去残花，保留枝条中部壮芽，以上部分剪去，剪口处留外侧芽，可促使新梢萌发再度开花。

月季与玫瑰、蔷薇同为观赏花卉中之佼佼者，被誉为"蔷薇园三杰"。英国人奉月季花为国花，我国天津、常州等许多大中城市都把月季花定为市花。

君子兰

君子兰原产南非，系多年生常绿草本植物，茎短，由叶基组成，根肉质。叶二列叠生，宽带状，深绿色。花葶自叶腋抽出，通常1枚，有时2~3枚，直立扁平，伞形花序顶生，有花数朵或数十朵。花形如漏斗状或钟状，花色橙黄或橘红色。

盆栽君子兰宜选窗前通风良好的半荫处。夏季应置于阴凉处，冬季室温保持在5℃以上。除盛夏休眠期少浇水外，生长期内应浇水充足但不能使盆内积水，以防其肉质根腐烂。

君子兰喜肥，对肥质要求不高，生长期内要每月施肥1次。温度24℃以上要停施或减施肥料，阴天不宜施肥。

君子兰可用分株法和播种法进行繁殖。分株法是在每年春季3~4月，在换盆时将母株周围的脚芽切离，另外栽植，一个月后再上盆种植。播种法是在种子成熟后（大约10~11月）即进行盆播，室温保持在25℃左右，经一个多月生根，长出2片真叶时上盆，约经2~3年方能开花。

君子兰每2~3年需换一次盆。在换盆时要更新培养土。植株移入新盆后要立即浇一次透水，再置于半荫处。

君子兰叶色青翠，四季常绿，花色艳丽，花期较长，是观花观叶俱佳的花卉。

菊花

我国是菊花的故乡，已有3000多年的栽培历史，文献《礼记》和《山海经》中均有关于菊花的记载。但古时的菊花品种单一，只开黄花。现在，我国菊花品种已近3000种，而且是千姿百态，色彩斑斓。

菊花性喜凉爽，宜置于稍有荫蔽、通风良好的环境。盆栽菊花宜用富含腐殖质、排水良好的沙质土壤。

菊花一般来说采取扦插繁殖。每年4～5月，选择壮枝条截6～8厘米，去掉下部叶片，保留顶上2～3片叶，插入沙土中。每天浇水并遮阴，20天左右生根。菊苗长至10厘米左右时便可上盆。幼苗上盆后，每月施一次稀肥水。从立秋孕蕾到开花前需肥量较大，每二周要施肥1次，并逐渐增加肥水浓度。

菊花还需在适当时机进行摘心，特别是7月下旬到8月上旬。现蕾后还应疏去多余花蕾。露色后，追施1次浓肥。

菊花开花时，要放在背风向阳处。

菊花清新高雅，是我国传统名花，其凌霜气质历来为人们所称颂。

菊花以其多彩的花色，飘逸的姿容，受到各国人民的喜爱。据考证，菊花东晋时传到朝鲜，8世纪传至日本，12世纪时日本曾将菊花作为国徽图案。17世纪荷兰商人把中国菊花移植欧洲。18世纪中叶法国商人到中国搜集许多菊花良种引种法国。中国菊花风靡世界。

水仙

水仙花原产地是欧洲中部、非洲西部、北部等。全世界有60余种，8000多个品种。我国栽培水仙已有1000多年的历史。相传六朝时就有人称之为"雅蒜"。到唐朝时，水仙已成为名贵花卉，进入宫廷。

水仙是球根花卉。根肉质白色，鳞茎肥大，球形，包有褐色皮膜。叶二列丛生，带状。花葶从叶丛中抽出，顶生伞形花序，花呈白色或黄白复色，单瓣或重瓣，花香浓郁。

水仙一般来说采用水养法，把水仙鳞茎放在各种形状美观的陶瓷盆中，配以观赏石，以增加美观。水养水仙，需用刀在球顶切一个十字浅口，使鳞片松开，便于花芽抽出，割时要注意，不要伤了花芽。

水仙在生长期应多晒太阳，以抑制叶子徒长。要经常换水，换水时不要将植株拿出，以免碰断根尖，造成烂根。一般情况下，水养30~40天开花。

水仙球茎可雕刻各种优美造型，人物、花鸟、山水、花篮等。雕刻时要用锋利的竹片为工具。切割时不能伤及花芽。最初几天，切口处有黏液流出，要用水洗净。约20天，芽长数寸。

水仙花叶素雅，香气浓郁，其花期一般是在元旦、新春之际，一盆素雅、清洁的水仙花，格外透出一股春意。

万年青

万年青原产中国和日本。系多年生长绿草本，株高50厘米左右，根茎短粗，叶丛生，淡绿色。花期是5~6月，花葶自叶丛中抽出，穗状花序顶生，密集数十朵小花。花色黄绿、白绿、淡绿。浆果球形，成熟时转红色。变种有叶绿黄色的金边万年青。

盆栽万年青以含大量腐殖质的沙质土为宜。性喜温，湿润和半荫环境；较耐寒，怕积水，忌烈日直射。喜肥，对土质要求不严。

万年青可用分株法和播种法繁殖。分株在春（4月）、秋（9~10月）两季均可进行。选3~4年生的植株作母株，从叶丛基部埋出根茎，带须根切离母株，重新栽植，便成新株。播种在春季3~4月，将种子播于盆中，保持盆土半湿，20~60天左右发芽。幼苗长到2厘米时分植即可。

每年春季4月结合分株应翻盆换土。夏季每半月左右浇一次稀薄液肥。冬季要控制浇水，室温不能低于5℃。

万年青管理简便，是美化室内与观赏效果颇佳的花卉。

文竹

文竹是一种最有代表性的观叶植物。它的茎细弱，呈圆柱形。丛生，绿色，针状枝密生如羽毛。9~10月间枝顶有小白花泛出。

文竹以其幽雅、文静而为人们所喜爱，它也是插花的一种很好的衬叶材料。文竹原产地是南非，在我国南北方广泛栽培。室内如放一盆文竹，可以使室内格调顿时高雅非凡。

栽培文竹的盆土，以疏松、肥沃、排水好的沙质土为好。文竹喜阴湿，夏、秋季应置于通风的半荫处。春、冬季可置于室温12℃~18℃的向阳处。春、夏是文竹的生长期，宜多浇水。每月要施1~2次稀薄的腐熟蹄角片液肥。

文竹的繁殖一般来说是采用播种和分根两种方式。播种于每年的3月进行。将文竹种子在室内播于浅盆内；上覆细沙土，厚度为种子直径的一倍，浸水后用玻璃盖住盆口，放于遮阴处，在室温20℃左右的环境中，30天左右即可发芽，幼苗长到3~4厘米高时即可移栽于花盆内，经过2~3年的养护，文竹就能开花结实。

分根在每年春季进行，换盆时应将植株掰开，然后将分出的植株栽于另一花盆中，浇一次透水，即可成活。注意在分根时不要将文竹的根伤得太多。

绿萝

绿萝是室内大型观叶花卉，是藤本植物，缠绕性强。将其摆放在客厅、书房或卧室中，高雅清幽，令人格外赏心悦目。

室内养绿萝，要注意以下几点。

培养土用腐叶土或松枝土添加细沙，在花盆底部可垫些蛭石。为使土壤保持偏酸性，可定期施入少量500倍以上稀释的硫酸亚铁水。

绿萝耐荫，可置放于室内光照条件差的地方，但每隔一个多月，要见见阳光。冬季要增加光照，可放半荫处。

盆土要尽量保持湿润。冬季应减少浇水，盆土要见干见湿。

绿萝对肥料要求不严，在春、秋生长期，每月随浇水时追施含氮液肥。

绿萝原产于亚洲的马来半岛和南美的巴西一带的热带雨林中。适宜高温、高湿的气候和土层深厚松软的腐殖土壤中。

一般养绿萝，采用在一盆内种植3株，把3株扭合在一柱上的方法，其观赏效果极好。也可把盆置放或悬挂高处，使植株下垂于盆外，这样有潇洒自然之态，别有一番情趣。

散步

文献古籍《老老恒言》中说:"散步者,散而不拘之谓,且行且立,且立且行,须得一种闲暇自如之态。"随着轻松而有节奏的步伐,调和而又深沉的呼吸,散步者的心情也随之恬静,而心旷神怡,悠然自得。

散步,虽然活动量并不很大,但是休闲调情的效果确是不小。纵观古今中外之高龄长寿者,几乎无一不喜欢散步。古代养生学家孙思邈的长寿秘诀之一就是坚持散步。而且对于散步的方法也颇为讲究,他说:"四时气候和畅之月,量其时节寒温,出门行三里二里及三百步二百步为佳。"由此可见,无论是步行于乡间田野的曲曲小径,还是于城市街道上缓缓而行,那蓝色的天空与绿色的草木以及那清爽的气息,都会使人神清气爽,调血舒筋,忘却烦恼,抖擞精神,延年益寿。

散步的方式方法很多,无论是哪种形式,都能起到一定的强身健体、调节神经的功用。有些人喜欢散漫地行走,也就是不拘形式,如同平常走路一样,悠然自得地漫步在大街小巷或是山村草地间。这种散步方式主要是起到调节精神的作用。有些人喜欢先慢后快,然后再慢下来。这种散步方式既能强身,又能调节神经,一举两得。有些人喜欢快走,其作用与慢跑相似,走出一身汗,或是周身微微见潮。

据医学专家研究,人在行走时,身体的大部分器官、肌肉韧带和血管都参与活动,这对改善心脏、呼吸器官的功能,调节血液循环,加强肌体的新陈代谢都有作用。特别是对心脏极有益处。散步时,心脏加强收缩,心跳加快,心脏血液输出量增加,血流加速。按每小时 5 千米的速度散步,脉搏每分钟增到 100 次左右。理论和事实都证明,散步具有扩张血管的作用,并能增加血管壁的弹性,降低心血管疾病的发生率。

有许多名人都有散步的爱好,如德国哲学家康德,原来身体并不好,由于他每天在休闲时间里坚持散步,后来身体健康,一直活到 86 岁。英国小说家狄更斯,每天起早歇晚,坚持在伦敦街上散步。他的一部著名小说，描写的就是一个步行者所看到的生活。俄罗斯著名作曲家柴可夫斯基也非常喜爱散步，散步使他更加对祖国山河的热爱，因而谱写出优美感人的乐音。大诗人歌德曾说过："我最宝贵的思维及其最好的表达方式，都是在我散步时出现的。"

中国的俗话中有"吃饭减三口，饭后百步走，睡觉不蒙首，年纪活到九十九"之说，这是古人总结的健身休闲格言。其中的"饭后百步走"就是说的饭后散步。饭后散步与一般散步不同之处是要注意掌握饭后的时间限定。饭后一般可以理解为刚放下饭碗，也可以认为吃完饭稍事休息一会儿之后。刚放下饭碗马上就去散步，尤其是快步行走，是不合适的。因为这时全身的血液大量涌向消化道，如果马上去散步，两条腿就要抢走一部分血液，从而使心、脑等重要脏器供血不足，严重者可能发生晕厥。倘若饭后过 20～30 分钟再去散步，情况就不同了。此时全身血液分配已趋平衡，走步可以加快血液循环速度，使心脑供血得到改善。同时，随着散步时肢体的协调运动和腹肌的收缩，还可促进胃肠道的蠕动，有利于食物的消化吸收。由此看来，饭后还是要走的，只是不要马上走，不要快走。尤其那些吃饭后感到乏力、困倦的心脑血管疾病患者和老年人，饭后至少应休息半小时左右再去散步。

跑步

古希腊人曾在悬崖上刻下过这样的话："你想变得强壮，你就跑吧！你想变得美丽，你就跑吧！你想变得聪明，你就跑吧！"如今，跑步已是风靡世界的健身运动。在休闲生活中，坚持跑步是强身益智的一种非常必要的休闲方式。休闲中的跑步，当然不是体育竞赛中的那种中长跑的激烈运动，而是慢速跑，轻松跑，自如地跑，中间还可以边跑边走。总之，它是一种运动性的休闲方式，而不是体育比赛项目。

跑步能使全身得到活动，对心肺锻炼作用大。在跑步时，呼吸要有节奏，同腿部动作尽量保持协调一致。至于几步一呼，几步一吸，要由各人的不同情况而定。需要注意的是增加呼吸的深度，降低呼吸频率，减少呼吸肌的疲劳，呼吸应口鼻并用，并注意用力呼气，呼出的气体多，吸入的氧气也多，跑起来也就会轻松有力。

跑步还可以刺激大脑的功能区，锻炼与思考有关的额前区的神经细胞，增强心脏的机能，使肺活量增加，血液循环加速，将氧气和其他营养大量地输送到大脑中，从而使大脑更加灵活，更快地消除疲劳。所以，有些人早起后慢跑一段距离，做一些舒展动作后，感觉到精力充沛，情绪饱满。由此可见，在休闲生活中，是不能少了跑步这种休闲方式的。人在日常的活动中，由于活动性质所致，有的多偏于局部运动，其他部位则不同程度地陷于停滞状态，这部分的器官与组织得不到适当的养料供应，久而久之，机能便会衰退，甚至引起病理变化。而跑步则可以使周身各处均得到适当活动，能使日常部分陷于停滞状态或很少活动状态的器官和组织都得到充分运动，因此是一项非常必要的休闲方式。

跑步虽然益处很多，但是一定要做到科学适量。它虽然不是非常激烈的活动项目，但是毕竟是一项运动量很大的活动。因此，在跑步前一定要经医生检查，或是自测一下，以感到没有异样感觉为标准。在跑的过程中，不宜过快，一般以每分钟跑 120～130 米为宜，以能做到边跑边说话，不面红耳赤为度。跑的距离长短，应当量力而行。跑时呼吸要保持顺畅，若有呼吸困难、胸闷等情况出现，应停止跑步，或是改为散步状态。跑后的感觉要好，若有食欲不佳，睡眠不好等状态，应检查一下是否跑步过量或是其他原因。

跑步活动以一天一次为好，刚开始跑 5 分钟左右，以后可逐渐增加到 10 分钟。如无太大的必要，每天坚持 10 分钟慢跑，再接着散散步，就足可以达到运动的要求了。

跑步活动是一项耐力性很强的活动，一般人不易坚持长久，"三天打鱼，两天晒网"的现象比较常见。应当在坚持跑步的活动中锻炼自己的耐力，从一定意义上说，这也是锻炼一个人耐力的极好方式和机会。

生命在于运动，这是人类在自身发展过程中得出的结论。人的休闲时间多了，容易在休闲中不知不觉地产生一种惰性，其集中的表现就是不愿到户外运动。这是现代生活中的人们普遍具有的一种通病，也是必须要改变的一种生活方式。因此，每天坚持一次跑步活动，也许是非常必要的。

有些人感到跑步活动太单调，不像其他休闲方式那样有兴趣。其实这是一种误解，单调性固然是跑步活动本身所固有的，但是事在人为，就看你如何灵活对待了。如有的人早晨起来跑跑步，然后到早市去逛一圈，或是到公园、马路边打打太极拳，练练气功，遛遛鸟等，都是极好的方式。

目前，人们可能都有点谈癌色变。这是因为目前医学界还没有更好的办法，然而跑步却可以防癌，这是德国著名运动学博士爱恩斯坦·阿肯的研究结论。他经过研究和测定，认为主要有以下几种原因使慢跑能够防癌。

慢跑可以使人吸入比平常状态下多几倍，甚至多几十倍的氧气。多吸入氧气不仅可以防癌，即使患了癌症也能延长生命过程。慢跑步可使人的排量增加，将体内的铅、锶等致癌物质和其他有毒、有害物质排出，从而减少了体内的致癌物。慢跑能使人增强体质，提高人体制造蛋白血球的能力。慢跑能加速人体血液循环，使癌细胞像湍流中的小沙子一样不易停留，也不易扩散。慢跑能改善人的情绪，消除忧郁和烦恼。临床观察证明，癌症患者的3/5是由于精神受过创伤或情绪受到压抑而发病的。慢跑能增强人体抗病、耐病能力，还能锻炼人的意志，提高战胜癌症病魔的信心和勇气。慢跑可以加速人体内药物的代谢，减少抗药性，提高药物的疗效。

跑步是世界公认的一项有益养生的运动。崇尚体育的古希腊人就把跑步作为一项重要的体育项目来对待。在西方运动养生之父希波拉第的养生论中，将跑步也作为一项重要的养生手段。在我国，先秦时期就着重于"步趋"的健身作用。唐代时，放松跑已在养生界相当流行。到了元代，跑步已被列为竞赛项目，当时称作"贵由赤"，类似现代的越野跑。

休闲生活中的跑步，不是为了竞赛，而只是为了锻炼身体，因此，为了达到锻炼目的，有多种多样的跑步形式。下面简要介绍一下，以供人们在休闲生活中跑步参考。

慢速放松跑：这是最普遍的一种跑法。要求是步伐轻快，肌肉放松，姿势自然，运动量以不大喘气为限。

上坡跑：这种跑法运动量大，是针对下肢力量锻炼的一种跑法。

下坡跑：这是着重于下肢肌肉耐力的一种跑法。

定时跑：虽然定时，但运动量可由自己掌握。

呼吸跑：这种跑法主要功能是促进肺功能。可以两步一吸，两步一呼，可三步一吸，三步一呼。

倒跑：主要作用是松弛腰背部肌肉和防治腰腿痛。

变速跑：通常是把慢跑放在两次短距离快跑之间，可提高健身效果。

折返跑：跑步时方向不断地改变，有助身体协调性的培养。

气功跑：跑时配以一些必要的气功动作，如呼吸、各部位的配合协调等。

以上各种跑法可以根据自己的实际情况选择，也可阶段性地选择，或是几种方式综合性地选择。此外，还有一种目前为大多数人所认同的跑步方式，即交替跑，这是一种比较有效的健身休闲方式。

所谓交替跑，有点像上述 9 种方式中的第 7 种，即变速跑。先走后跑，走一段跑一段，交替进行。然后再根据每个人锻炼后体质增强的情况，逐渐增加走和跑的时间、距离和次数。初参加锻炼的人，一般是先走一分钟，再以每分钟 100 米的速度，慢跑一分钟，如此交替进行。以后根据身体的具体情况和适应能力，每两周增大一些运动量。有医疗单位对进行交替跑的慢性病人进行过统计，发现有慢性胃炎、胃肠神经官能症、高血压、动脉硬化、神经衰弱的人经过 3 个月的锻炼，90% 的人症状有不同程度的减轻，67% 的人症状基本消失，53% 的人基本治愈。由此看来，交替跑在某种程度上说能起到药物治疗所起不到的作用。

球类运动

千姿百态的球类运动和游戏，为人们的休闲方式提供了丰富多彩的内容，人们无论男女老少，一般来说都比较喜欢球类运动和游戏。篮球、排球、足球三大球的喜爱者自不待言，就是乒乓球、门球、网球的喜爱者也是非常多的。近些年，人们又对台球、保龄球、高尔夫球等产生了浓厚的兴趣。在一些人的心目中，似乎仅球类运动和游戏就足以满足人们的休闲需要了。

球类运动和游戏的特点是功能多、兴趣浓、运动量可以适应多种人的需要。比如喜欢运动激烈的人可以玩足球。而不喜欢过大运动量的人则可以玩门球。无论是哪一种球类运动和游戏，都能使人一玩就兴味十足，甚至入迷。

下面仅就一些为人们所熟知的球类运动和游戏作简要的介绍。

足球

足球，是力量和技巧的象征。人们从来没有像今天这样对足球产生如此迷恋的热情，而且是一种全球性的迷恋。

人们在休闲生活中，通过电视转播观看足球比赛的热情，有时会高过观看情节曲折复杂的电视连续剧，这充分反映了人们在现时生活中的一种心态。无论是凌空射门，还是一脚长传，都反映了一种心情的充分宣泄，而高技巧的带球过人，又反映了人们的一种机敏。总之，在当前快节奏的工作和生活中，人们需要的是一种充分的轻松、活跃，以驱赶走工作和生活中的紧迫感。而足球比赛中力量和技巧的较量，正是这种感情宣泄的一种极痛快的方式，也是一种无法用任何方式表达的快感和愉悦。

在各种"体育迷"中，"足球迷"在数量和迷恋程度上无疑都是最多也最疯狂的。

足球运动在我国有着十分悠久的历史。早在3000多年前的殷代，就有了求神祈雨的"足球舞"。战国时期，民间盛行一种用脚踢球的游戏，叫"蹴鞠"。西汉时代，足球不仅有了专门比赛场，还在场地两端设"鞠域"，相当于现在的球门。到了唐代，球门不仅有了立柱，还挂起了网子。同时又采用风箱灌气的"气球"。当时，双方各有6人上场比赛，1人守门，5人踢球，可以说是现代足球运动的雏形。不过，像今天这样的场地、器械、人数和规则的足球运动，是1863年英国开始组织足球协会时开始出现的。

进行国际比赛的足球场长100～110米、宽64～75米。上场每队队员11人。比赛时间为90分钟，分上下两个半场进行。进行决定胜负的正式比赛时，如果全场终了踢成平局，就再踢30分钟加时赛，也分上下两个半场进行。如加时赛仍无分晓，就要踢点球决胜负。如再决不出胜负，就由双方第6个队员踢点球。只要哪一方踢进，即判踢进的一方胜。球员的基本技术有：踢球（传球、射门）、接球（停球）、运球（带球）、头顶球、抢球、假动作等。此外，守门员还有各项接和传的专门技术。集体的基本战术，主要靠各种巧妙的配合。另外，为了发挥全队的集体力量，更好地运用各种攻守战术，还讲究全队的阵形。这方面曾有过足球的三次革命。起初，各队阵形多是"九锋一卫"、"七锋一卫"和"六锋四卫"。后来，英国创造了"锋五卫"（即WM式）的防守型打法，一直被许多国家沿用至第四届世界杯足球赛。1954年举行第五届世界杯足球赛时，匈牙利队采用中锋后撤、二内锋突进的进攻新战术，动摇了传统的WM式，被视为"第一次足球革命"。在1958年第六届世界杯足球赛中，巴西队的"四二四"战术阵形发挥了威力，人们公认它是足坛上又一重大革命。这之后，又出现"四三三"、"三三四"等阵形。在1974年第十届世界杯足球赛中，荷兰队首创全攻全守的总体形战术，即：十人齐进齐退，全面展开进攻，无一定的锋、卫之分，无固定的攻守位置。从而，突破了传统的框框，当之无愧地成为"第三次革命"。

足球名词术语

越位。当队员持球进攻时，同队队员在对方半场内所站位置在球的前面，而且，在他与对方端线之间，对方队员（包括守门员）少于两人，就要判"越位"。但是如果是直接得球门球、角球、界外掷球或自己带球，就不能称作"越位"。利用"越位"规则，防守一方常采用"造越位"战术。造越位在攻方持球队员传球的一刹那，防守人员（守门员除外）同时向前场跑动，将攻方队员留在守方半场内，处于"越位"地位。这就叫"造越位"战术。

任意球。是裁判员判罚的一种方法，分直接任意球和间接任意球两种。当运动员踢人、拉人、推人、打人时，就判罚直接任意球，即把球放在犯规的地方，由对方处罚，可直接射入对方球门，也可以传递给别的队员。当运动员越位、违例、作危险动作时，就判罚间接任意球。它必须经过2人（包括对方）接触后入门，才算得分。观看比赛时，当听到裁判员的哨音，见裁判手指发球方向，就是罚直接任意球；手往上举，就是罚间接任意球。

点球。任意球一般在犯规地点处罚。但是，在禁区内判罚直接任意球，则是罚十二码球，这就叫"点球"。

角球。当球被防守队员碰出或踢出本方的端线时，则由进攻一方在守方端线与边线交接的场角上发踢角球。在左边出端线，就在左角发，在右边出端线，就在右角发。这就叫"角球"。它是进攻一方得分的机会，常常因此破门。

反切。一种诱敌出、乘虚入的快速进攻方法。进攻者佯作回撤接应，引诱防守者跟随逼出，然后突然转身利用速度再反插进去。这往往使防守者猝不及防，而失去防守机会。又称"空切"或"打背后"。

清道夫。是指防守中拖后的中卫。也叫"自由中卫"。他的主要职责是保护中央区域。当同伴的防守被突破时，他要及时补位抢截，像清道夫扫除垃圾一样，解救门前危机。

观看足球当然是以观看现场比赛最来劲了。尤其是看那么多观众，那么多球迷的场外气氛就更来劲。有些球迷不远万里长涉，为的是观看一场现场比赛，可见热情之高。但是这种热情要适当控制，不要无限制地发展，以至达到失控的程度，尤其是一些青年人更要注意这一点，否则会出现一些不愉快的结果。

排球

排球是三大球之一，中国人对排球的迷恋更有深一层的感情，这就是女排曾获得排球最高层次比赛的三连冠宝座。

但排球迷没有足球迷那种狂热劲，这也许是排球在力度的较量上没有足球那么凶猛的缘故，也许是因为别的什么原因（其中一张网把双方排球队员拦在两边，不能交叉接触较量的缘故，可能也是原因之一）。

休闲生活中观看排球比赛是一种享受，在现实生活中几个人凑在一起打打排球更是一种极有愉悦感的享受。而且对于锻炼身体，调剂精神生活都极为有益。人们在观看排球时总感到很轻松，但一上场打排球，就会觉出其难度所在了，也就有了一种在技巧上提高的欲望。

排球运动诞生于1895年，是美国马萨诸塞州霍利约克基督教青年会的威廉斯·盖·摩尔根发明的。起初，这种没有固定名称的新型球类运动没有一定的场地和规则，仅仅是用篮球胆拍来拍去的游戏。第二年，斯普林菲尔德市立学院的艾特·哈尔斯戴特博士，把它定名为"华利波"意为"空中飞球"，这个名称在国际上一直沿用至今。"排球"是我国的叫法。1905年我国已有排球运动，比赛时每队上场16人，分作四排站立，因此称为"排球"。

排球比赛在长18米、宽9米的长方形场地上进行。场地中线挂有长9.5米、宽1米的球网。网的两侧各有长1.8米的标志杆，两杆内侧相距9米。男子赛网高2.43米，女子赛网高2.24米。

参赛的球队，每队最多可有队员12人，每次上场比赛的只有6名队员。赛前双方球员要站好位置。前排是二、三、四号位，后排一、六、五号位。每换发一次球，运动员按顺时针方向轮转。轮转到后排的队员，不允许到前排扣球或拦网。只能在限制线的后面扣球。

排球名词术语

双快一游动是我国运动员在亚洲型快攻的基础上首创的一种新战术。即：二传手从后排插上，前排的三名攻球手在运动中密切配合，两人同时快速进行伴攻或伺机突破，另一人游动寻找对方拦网的空隙进行扣杀。这种战术突然性大，机动性强，易于摆脱拦网。

短平快球是日本吸取我国的快球、平拉开等战术发展而成。这种战术使快攻不再限于专人、定点，而变得更加灵活机动。

排球术语中所指的任何一种"差"，都不外乎是利用左右、前后、上下的位置差进行突破。因此，由近体快攻和短平快发展起来的时间差、地面位差、空间位差等进攻战术，统称作"错位进攻"。时间差是一种自我掩护的错时快球进攻。进攻者以逼真的扣快球动作助跑起跳，以诱惑对方跳起拦"快球"。其实，扣球者并未真的起跳，二传手也未传"快球"，而是传"半快球"，等拦网者上升到最高点，扣球者才起跳。这一起一落,刚好使扣球和拦网的时间错开,提高了进攻的效率。

随着排球运动大众化趋势越来越明显,排球运动项目也得到了进一步的发展,如现行的日本妈妈排球,由于参赛人数多,规则宽松,深受妇女们的喜爱。再如美国加州的沙滩排球也日益盛行,这种排球是在海滩上插两根竹竿,绑条绳或架个渔网,作为娱乐。这种排球项目已被列入1996年的亚特兰大奥运会,该排球运动之所以盛行,主要原因是能使人们投身于大自然中,沐浴阳光,身拂海风,脚踏柔软的细沙,使身心得到全面的锻炼。此外,深受残疾人喜爱的坐地排球、盲人排球、汽排球;日本的小排球;美国的墙排球;德国的羽毛排球等,也日益受到人们越来越广泛的喜爱。排球发展的竞赛性、群众性、娱乐性、多变性,使越来越多的人喜爱上了排球。

篮球

篮球也是三大球之一。在足球和排球没有现在这样热潮滚滚的时候,大多数人都非常迷恋篮球,而且相当普遍,几乎都能上场打个半场。

篮球是一项技巧和战术相当精妙的球类运动。场上飞的是篮球,然而将球运动起来的是人们的智慧和技巧。休闲生活中人们喜爱观看篮球就是因为赏识篮球的机敏的技巧性。人们喜爱打篮球也就是要锻炼这种机敏性。

现代社会中,人们在快节奏的紧张工作和生活中有一种普遍的心态,那就是时时在探求着一种能够以机敏过人的技巧来面对日益紧张的快节奏工作和生活,这是现代人类社会较普遍的一种心态,这与篮球的机敏技巧性相吻合。

篮球运动起源于美国。1891年12月,美国马萨诸塞州青年会国际训练学校(后为春田学院)的教师詹姆士·史密斯,设计出一种不受天气限制的室内球类运动:把学生分成两队,分别向钉在两根柱子上的篮筐投球。由于投掷目标是篮筐,所以取名"篮球"。第二年,就有了篮球运动的18条简单规则,上场比赛的人数也逐渐由九人、七人演变为五人制。1936年列入奥运会正式比赛项目。

对于球篮的设计，最初设计者在体育馆内两端竖起两个装桃子的筐，作为球篮，用一个足球作为篮球。当时，每投中一个球之后，比赛就要暂停一下，因为要借助放在球场两端的梯子，由专人负责把球从篮筐中取出后，才能重新开始比赛。不久，篮筐有了改进，变成了铁的。铁制的篮筐比果筐好多了，但也不实用，既昂贵又危险。随后，又有人设计了线制的球网，但是要想让球出来，还要靠拉线。到了1912年，人们才开始想到把网子的下口剪开，成为今天的球篮形状。

篮球运动约于1895年9月由基督教青年会传入我国天津市，又传入北京、上海等城市。另据人类学者和考古学者的考察报告表明，约于哥伦布在纽约登陆五百年前，尤卡坦的马阳印第安人曾进行过同篮球非常近似的游戏。但这只是科学家们根据一些艺术遗迹所作出的推论，没有文献和文字的记载来证实。

篮球的有关规则

观看篮球比赛首先要把线、区、场搞清楚。在长26米、宽14米的比赛场地上，长边的界线叫"边线"，短边的界线叫"端线"，从边线上的中点画的平行于端线的横线叫"中线"，与端线平行的另一条长3.6米的短线叫"罚球线"。罚球线的外沿与端线内沿的距离为5.8米。从罚球线两端画两线至距离端线中点各3米的地方构成的区域叫"限制区"。限制区加上以罚球线中点为圆心、以1.8米为半径向限制区外画的半圆区域叫"罚球区"。比赛场地分前场和后场。对方球篮后面的端线与中线近边的场区，是某队的"前场"；另一部分场区包括中线在内，是某队的"后场"。

篮球比赛中有几个时间限制，即三秒、五秒、十秒、二十四秒规则。"三秒"，指某队控制球时，同队队员不得在对方限制区内停留三秒以上，否则就判"三秒违例"。"五秒"，指持球队员在五秒内没有传、投、拍、滚。"五秒违例"就判争球。"十秒"，指一个队从后场控制球开始，必须在十秒内进入前场。否则就判"十秒违例"。"二十四秒"，指一个队在场上控制球后，必须在二十四秒内出手投篮。否则就判违例，由对方就近发界外球。

篮球比赛中有关犯规的规定：一个队员累计犯规达到五次，就要被

131

罚退出比赛。每半场比赛一个队累计犯规达到八次后，再发生侵人犯规或技术犯规，均判两次罚球。控制球的队员在做投篮时，对方犯规后仍然投中，二分有效，并再判给一次罚球；如受犯规影响没投中，则判两次罚球。其中一次或两次罚球未中，还应判给一次追加的罚球，但如因罚球队员或同队队员违例而使一次或两次罚球无效，则不追加。

篮球比赛的基本进攻战术，分快攻和阵地进攻；防守战术，分人盯人防守和区域联防。近年来，由于世界各国球队中高大队员增多，"高空技术"成了现代篮球运动的显著特征。"高空技术"表现在：投篮出手点高，能在高空接球投篮、托球投篮、点球进篮乃至运用单手或双手扣篮；高空拼抢能力强，抢夺篮板球与防守控制的高度明显增加，目前男子已达到3.4米左右，超过篮圈0.35米左右。

门球

门球的运动量适中。运动形式舒缓，情趣很浓，对人的身心健康均有很大功效，是一项普遍受到欢迎的体育运动项目。特别是一些离退休的老年人，对门球更是情有独钟。这主要是由于门球和运动量适合于老年人参加。

在休闲生活中打门球，是一项愉悦身心健康的休闲方式。特别是一些体质比较弱，或是身体过于肥胖，都适宜玩门球。

门球虽然很普遍，打起来也不难。但是由于平常一些门球打法不够正规，这样就不能组队参加比赛，因此有必要介绍一下门球的一些基本规则，以享受到参加正式比赛的乐趣。

场地、器材及组队参赛

场地应该选择长20米，宽15米的一块平整的铺沙地上。门周界线称为比赛线。比赛线外四周1米处再画一条线，称为限制线。界线宽度应在球场面积内，用宽度2厘米的白带标出。

赛场内设三个球门。三个门的位置是第一门距起始线4米，门中心距第一、二角连线2米，第二门距第一、二角连线12米，中心距第二、三角连线2米，第三门距第三、四角前后各10米，门中心距第一、四角比赛线2米。球门应固定在地面上，高出地面20厘米，门柱间宽为22厘米，用直径1厘米的圆形金属杆制成。球门两柱间应设连线叫球门线。标准宽度为1厘米。第一门所在场边的角定为第一角。此外，按逆时针方向依次称为第二、三、四角。在第一至四角的比赛线上，距第一角角顶1~3米处为起始线。此段长2米，应以不同颜色标记。终点柱在场地的中心点用直径2厘米的圆形金属杆制成，露出地面高为20厘米。

门球所需器材

球棒，呈"T"字形。柄长不得少于70厘米，槌头可用重木或胶合纤维材料等制成，端面与槌柱成垂直平面，重量不限。球重量约为230克，表面光滑，是用胶合树脂制成的，直径为7.5厘米。球分红白两色，各5个。红球镶白色号码1、3、5、7、9；白球镶红色号码2、4、6、8、10。正式比赛时还应有号码布和记分牌。

比赛双方用投币方式决定先攻或后攻。先攻者用红球，后攻者用白球。

球队由1名教练员、5~9名队员（其中一人为队长）组成。教练员在赛前填写击球顺序表，签字后交给副裁判。比赛中，教练员允许进入限制线和比赛线之间，可以对本队队员进行战术指导，对裁判的判定有权提出询问。

参加门球比赛要穿无跟软底运动鞋。正式比赛还要佩戴号码布。比赛中要使用规定的比赛用球。

队长的职责是代表本队选定先攻或后攻。在必要时代行教练员职务。

比赛中各项活动和规则

当宣布比赛开始后，立即从第1号起呼号，将球放在起始线上球通过第一门。随后的进程是通过二、三门，最后撞击终点线。如果没有干扰，进行正常，不过三棒、四棒，即可完成全部进程获得满分。但由于红白对峙，相互制约、排斥，很难一帆风顺，往往打满三十分钟。只能以得分多少计算胜负。裁判呼号，周而复始，直到结束。尚未通过第一门的队员，只有在击球已通过第一门时，才能随球进入场内。

比赛中只有在应轮及击球的队员于裁判呼号自己举手应"到"后，才能进入场内。违者取消该次击球权或该队下次应轮及队员的击球权。

击球指以棒槌端面击打球者，击球棒槌先触及地面、或闪击时先擦鞋缘再击到自球者，仍视为合法击球。空摆球棒未能触到球体者不算击球。但推球、连击和用槌头端面以外部击球者均属违例，取消击球权，已移动的他球复归原位。

触球犯规击球后，队员触及正在滚动的自球或他球，自球放到触球点最近的比赛线外10厘米处；他球放回触球地点。队员击球，除可以用棒槌端面击打门球，身体任何部位不得触及各球，违者取消击球权或同队次一击球员的击球权。被移动的他球复归原位。

10秒限制。击球员从裁判第一次呼号起，10秒内必须将球击出。

连续击球时，从自球和他球均停止后或他球出界后，或闪撞终点柱满分后10秒内，击出自球或完成闪击。超过10秒为逾时犯规，如未击球，取消击球权；如已击球应无效，自、他球均回原位。

撞击和闪击。撞击指击打自球直接或间接碰到他球。在击球过程中，对已接过的他球，在续击时不得再次撞击。违者撞击无效，他球归位；自球放到就近比赛线外10厘米。闪击指用单脚踩住自球和他球，利用击打自球的冲击力将他球击出。撞击、闪击和续击是相连的动作。但必须自球和被撞的他球均停在场内，方可拣取他球在自球停留的位置对他球进行闪击，再续击自球。撞击两个以上他球均停止在场内，自球有与被撞他球同等数量的闪击权和续击权。对两个被撞球进行闪击可以不分先后。如有的他球出界，只有与在场他球同等数量和闪击权的续击权。击球员可向裁判声明"放弃闪击"，不许同时放弃续击。违者视为犯规，自球放到就近比赛线外10米。闪击对方球时，必须在拣他球就自球位时指示方向。

通过球门。指球的整体按规定方向和进门顺序，全部越过了球门线。每过一门，计得一分，并续击一次。重复过门，无分也无续击权。逆向滚球到门，球体未全部越过球门线，随后再出过球门者，不算得分。击过二、三门出界，进门无效，自球放于出界点线外10厘米，凡按规定方向和顺序，被任何队员撞击通过或闪击通过二、三门的球，均算过门得分。但闪击通过二、三门时，被放置的他球必须在球门线后不得触及球门线，否则不算过门得分。

撞击终点柱。已通过第三门的球,击中或被击中终点柱为满分。但不得违反下列规定:自球打中终点柱,经宣布满分后,击球员拣球退至第一角外。他球被击中终点柱,裁判宣布满分并将球滚向第一角,该击球员不得进场。如违反,得分无效,球归撞柱的位置。闪击他球击中终点柱,未经裁判宣布满分时,自球击中终点柱无效,自球恢复撞柱前位置,取消续击权。自球在击中终点柱前或在后撞击他球,满分有效,无闪击权。他球前者保持撞击后位置,后者复原位。自球捕击已通过三门的他球击中终点柱,他球满分有效,自球无续击权。闪球击柱时,被放弃的他球不得触及终点柱。违者取消击球权,他球复撞后位置。

界外球和击界外球入场。球出界是指球的整体投影全部越出比赛线外防时,在比赛线外10厘米处。在被击入场地前不许队员、教练员触动。违者取消本人或同队次一击球员的击球权。击球入场的规定如下:击球入场直接或间接碰撞场内球均无效,自、他球均复位。击球入场通过球门或撞击终点柱无效,球停留在场内有效。

球的临时移动。在下列情况下,可由击球员提出经裁判员同意,并由裁判员将球移开,待击球员击球或闪击后再归原位。场内球对通过第一门有妨碍时,击打界外球。靠近的他球有阻塞时,被撞击的他球与另球挨在一起,或自球与两个他球挨在一起时,队员替换。每场比赛允许替换二人,由教练提出申请。替补者不得再换,换下者不得再上。否则替补者得分无效。计分和裁定胜负,通过一、二、三门各得1分,撞击终点柱得2分。每队员满分为5分,全队满分为25分。比赛时间未到,某队已得满分,裁判即宣布比赛结束。比赛结束后,按两队各自积分,多者为胜。如积分相等,以击中终点柱多者为胜;如仍相等,以通过三门多者为胜;如仍相等,以通过二门多者为胜;如仍相等,以击球通过第一门决出胜负,但也可以判为平局。

门球基本技术技巧

握棒和击球姿势。一般面向目标,以右手为发力手、拇指与后三指轻轻顺握棒柄中段,食指下伸贴于棒上,另以左手握住或以指头夹棒端作支点。保持槌头向前,左脚位于球的左侧稍后,脚尖微向外,与球的间隔约20~30厘米,右脚向右后伸,两膝微弯宽度以能保持身体稳定、便于两手由后向前发力为原则。也可不以手作支点，两手一上一下共握棒柄中段，一齐发力击球。

瞄准和击球要领。使槌头柱体的中心线与目标至自球中心连线的延长线相吻合。即三者合成一条线直线后，再从自球尾端与槌端面最切近之点定出瞄准点。对于远距离目标的瞄准特别是对球门，可先找辅助目标，再按前法进行瞄准。要领是在目标中点和自球之间捕捉一个明显的光点作为辅助目标以代替远处目标，击球时保持球棒呈自然垂状，以小臂为主结合手腕、大臂一致发力，使槌头摩地向前如钟摆摆动形式击向瞄准点。击球技术还包括力度问题，即不仅要求方向正确，同时还要求被击的球停留在理想的位置。可以"槌球距"作为准绳，以控制击球到达的远近较为准确。

闪击。闪击技术表现为闪击他球命中目标和送球到位两方面闪击到位与击球到位。关于闪击他球命中目标应先领会：脚踩自球和他球中心连线的延伸线，便是他球被正面闪击后滚进的路线，但这条路线，可因槌击自球后半球体的两个侧面左右他球的行进方向。因此当击球者脚踩两球中心连线与目标成一条直线时，应槌击自球后正中点，如若有偏差，则应从偏一侧的反面修正击球点；如偏差较大，则须移动他球修正。

羽毛球

据有关专家研究考证，羽毛球最早出现于 14～15 世纪时的日本。据记，那时的球是用樱桃插上羽毛制成，拍子是木制的，这也许是最原始的羽毛球。

最早见于文献的羽毛球，是 18 世纪法国著名画家夏尔丹的一幅题为"羽毛球"的油画。画中是一名手拿羽毛球拍和羽毛球的少女，球拍上有弦网拍面，球由颜色不同的 7 根羽毛插在一个球托上组成。

现代羽毛球运动是 19 世纪前后，从印度孟买一种名叫"普那"的游戏发展而来的。"普那"是二人分别站在网两边，以木拍对击一种插有羽毛的绒线的游戏。1870 年出现了用羽毛、软木做的球和穿弦的球拍。1873 年从印度退役回国的英国军官将"普那"传至英国，遂在英国流传。同年，英国公爵鲍弗特在格拉斯哥郡伯明顿镇的庄园里进行了一次羽毛球游戏。从此,"伯明顿"也就成了羽毛球的英文名称。当时的活动场地是两头宽中间窄由窄处挂网的葫芦形。直到1901年才改成长方形的。

羽毛球在我国开展的历史不长,1949年前只是上海、广州、天津、北京几个大城市少数学校及体育馆有所开展,没举行过大的比赛,技术水平也不高。新中国成立后,羽毛球运动发展很快。1953年在天津举行了首次全国规模的羽毛球比赛,但技术水平还很低。1958年我国提出了10年内打败世界冠军的奋斗目标。1963年我国终于以自己独创的快速和进攻打法一举击败了世界冠军印度尼西亚队。

一般来说,羽毛球不受场地条件的限制,在室内外均可进行,并且适宜于不同年龄,不同性别的人进行游戏或比赛,是深受广大群众喜爱的体育活动之一,也是一种比较高雅的休闲方式。

在休闲时间,一家人既可在茶余饭后进行娱乐,也可二三人结伴,在开阔的地方挥拍对阵,对增强体质、娱乐身心都是大有益处的。

羽毛球的运动特点是对抗性强,速度快,变化多,对参加者的力量、爆发力、速度、灵敏等身体素质要求都很高。但是非比赛性的羽毛球玩法则可以因人而异,打一打和平球也是相当有趣的。

休闲性的羽毛球运动,可随时随地、因条件制宜地开展活动,不需要像正规比赛那样的场地、器具、规则等。休闲中打羽毛球可以以游戏为主,场地、球网都不必太正规。

羽毛球场地可选择长8~10米、宽3~4米的平地或草坪,球场上空及四周不得有障碍物。准备羽毛球拍一副,羽毛球一只。球网可用麻线或尼龙线自制也可以绳来代替。球网一般离地1.5米左右或因人制宜确定高度。参加者各占半个场区,用球拍将球在空中来往拍击,进行娱乐性打球。也可组织羽毛球比赛,规则可以大家共同协商制定。

高尔夫球

高尔夫球的玩法一般来说并不复杂,即用最少的次数将球一一击入洞内。谁用的次数最少,谁就获胜。

高尔夫球略大于乒乓球,里层是软橡胶,外层是白色硬橡胶,球体有规则地布满圆形凹坑。球棒有20种形状,各有各的用途,比赛时每个人可携带 14 种球棒之多。高尔夫球场多设在景色宜人的地方，场内有 18 条球道纵横排列，每条长 100～500 米不等。每条球道尽头有一块"绿洲"，上面有一个球洞。

高尔夫球起源于 15 世纪（或更早）的苏格兰，该地区山多气候湿润，适宜牧草生长，这里当时是连绵不断的牧场。相传当时的牧羊人在放牧之余，玩一种用木板将石子击入兔子窝或洞穴中的游戏，渐渐地就演化成了用不同的球杆击球的游戏运动。苏格兰地区冬季非常冷，打球时每人总爱带一扁瓶烈性酒，每次发球前总要喝一小瓶盖酒。一瓶酒 18 盎司，每一小瓶盖是 1 盎司，打完 18 个洞，酒也喝完了，也就该回去了。这样，就习惯成自然地形成了一场球打 18 洞的规定。19 世纪时欧洲人将高尔夫球转到了美洲。19 世纪 20 年代又传入了亚洲。1896 年，中国上海高尔夫俱乐部成立，这标志着高尔夫球传入中国的最早时间。高尔夫球是国外盛行的一种体育运动，在我国，除一些大城市设有高尔夫球场外，一般中小城市还很少有。作为一项休闲活动，玩高尔夫球固然很好，但是机会不多。如果有兴趣，可因陋就简，以野外适当场地代替。

一般正规的高尔夫球场由 18 洞组成，约占地 66 万平方米，大都利用天然地形设计建造而成。18 洞各具特色，地形条件、长度、难易度等各不相同，18 洞大致又分成前 9 洞（或前半场）和后 9 洞（或后半场）。

每一洞又包括发球区、球道、长草区、沙坑、水障碍、球区、界外七部分。

高尔夫球的有关规则

打球。球从发球区打出后，至击球入洞为打完 1 洞。打完全部 18 洞，为打完规定一轮。在发球区上打了第 1 杆后，至打球入洞为止，除了规则允许的情况外，球员不得将自己的球移动或拿起，也不得用其他球替换。

标准杆是指技术娴熟的球员在既无意外也不侥幸的情况下可能打出的杆数。一般在球洞区上计为 2 杆。标准杆与洞的长度有关，洞的长度为发球区中心至球洞区中心的直线距离有折转的洞按球道的中心线计算。

按照规则，男子标准杆数与洞的距离关系为：229 米以下的洞标准杆数为 3；230～430 米的洞标准杆数为 4；431 米以上的洞标准杆数为 5。

女子：192 米以下的洞标准杆数为 3；193～366 米的洞标准杆整数为 4；367～526 米的洞标准杆数为 5；527 米以上的洞标准杆数按一般习惯将标准杆数为 3 的洞也称为短洞，标准杆数为 4 的洞称为中洞，标准杆数为 5 的洞称为长洞。18 洞中一般在前 9 洞和后 9 洞中各有 2 个长洞，2 个短洞和 5 个中洞，所以 18 洞的总计标准杆数为 72。

差点及其计算

每个打高尔夫球的人都希望自己能以低于或等于标准杆数的分数打完 18 洞，但是实际上每个人的实力不同，实际杆数一般都要超过标准杆数。为了使不同水平的人能享受在一起比赛的乐趣，高尔夫球规则规定将数次打球后超过标准杆数的分数平均，根据球场的难易程度，查差点评定表即可求出每个人的差点。水平越高，差点就越少。这样不同水平的人一起比赛，由于有了差点，使水平较低的人有了获胜机会。

比赛方法

高尔夫球比赛从比赛方式上可以分成比杆赛和比洞赛两大类。也可以按差点的有无分成无差点比赛和有差点比赛两类。

比杆赛。比杆赛是将正规的一轮或规定的数轮的总杆数相加，杆数最少者为胜者的比赛方法。在有差点时，以各轮实际杆数减去差点，将杆数相加后杆数最少者为胜。

比洞赛。比洞赛是以一轮中各洞所胜洞数的多少决定胜负。在洞中以较少的杆数打完该洞者为该洞的胜者，比赛双方以相同杆数打完该洞时该洞为平分，一轮的胜负是由双方各胜洞数的差来决定的。

高尔夫球是高尚、文明、健康、有益的休闲活动。这从高尔夫（Golf）是由绿色（Green）、氧气（Oxygen）、阳光（Light）和步履（Foot）的第一个字母缩写而组成的就足可证明，其字母缩写的大意是：在明媚的阳光下，脚下是绿色的草地，呼吸着新鲜的空气，在大自然的怀抱里，边散步、边打球、边聊天、休闲愉快、轻松。

随着人们生活水平的不断提高，这项一贯被称为"古老的贵族运动"的高尔夫球，正在被越来越多的普通人所享乐。

台球

台球是雅俗共赏的体育项目。台球讲究的是技巧，打台球时精神要高度集中，每次操杆都应对进球角度和打击力量严格计算，同时还要合理使用各种击球技法。而且，在击打主球的一刹那，还要求呼吸平稳，状态稳定。打台球看似潇洒，实为运动量较大的健身运动。打台球时还需要头脑冷静、思路清晰、判数准确。更要心平气和，切忌浮躁。因此说打台球既可强身健体，促进智力发展，又可兼得修身养性之道。

17世纪以来，台球风靡了欧洲许多国家。据考证和有关文献记载，台球与中国古代的弹棋有某些相似之处。弹棋始于西汉，其玩法是以手弹棋子。由于棋盘中间是隆起的，若想击中对方棋子，必须将棋子弹得越过隆起部分，再滑下去击中目标，这就是其技巧所在。用力轻重必须有分寸。就本质说，台球与弹棋是一致的，主要不同的是一个用杆打，一个用手弹。

台球类别

台球种类很多，主要分有袋和无袋两大类。有袋又分落袋台球也称英式台球，使用三个球，一个红球和两个白球；美式台球也称花色号码台球，使用一个白色公击球和15个不同颜色标有1~15号码的彩色球；斯诺克台球使用15只红色球，6只其他不同颜色球及1只白球，6个彩色球每种颜色代表一个分值，所以彩色球又叫分数球。无袋有卡罗姆台球也叫法式台球或四球撞球，使用2个红球，2个白球。各种台球还有许多不同的打法。

设备和计分

目前盛行的有花色号码台球（美式）和落袋台球（英式），两种球台的台面规定略有不同。前者长9英尺宽4.5英尺，后者长12英尺宽6英尺，有四个角袋和两个腰袋，角袋袋口直径5英寸，腰袋袋口直径5.5英寸，台岸两端有3个星点标记，两侧各有6个标记，以便计算角度，球杆长短可因人而异，一般长5~6英尺，重约450~620克，杆头直径为12.5毫米。

开局后，美式台球双方均以公击球击球，彩色球以号码计分，开球者必须使两个彩球和公击球碰到台岸或击进一个彩球，否则被罚2分，对方获击球权；如果两个彩球碰到台岸，而公击球进了袋，则罚1分，由对方击球。把指定的球击入指定的袋中即可得分和连续击球，其他球进了袋也可得分一直打到失误为止。先得满分者为胜。失误一次扣1分并失击球权，连续3次失误扣15分，开局失误扣2分。公击球自落、球未停稳击球、击球时双脚离地、杆头以外的球杆或衣服等触球均扣1分，公击球、目标球被击出球台判失机，但目标进了袋，别的球跳出球台，可得分和继续击球。

英式台球是两个白球为双方主球，一个镶有黑点的白球为先开球者主球，第一杆球叫做开球。开球可把主球放在开球区向外区击球。击球权是轮流的，命中有分可计的球即获续击权，犯规、失误及无分可计即失去击球权。得分的计算是：着红自落3分，着白自落2分，送红落袋3分，送白落袋2分，连着双球2分，一杆有两种以上得分时，累计得分。

握杆和球架

握杆是打好台球的重要技巧。首先要找到球杆的重心，即球杆放在手指上两边平衡，再向后移3～6英寸，用拇指和前面三个手指轻轻握住。正确的击球姿势是：体重落在双脚上，公击球的位置决定离台的远近。身体稍右转，俯身弯腰，头在球杆上与目标成一条线。

握杆和架杆是有效击球的重要基础，架杆是用手为球杆做成支座，让球杆在支架上滑动击球。手做台架的方法是，左手握拳，伸直左臂，把左拳放在台面上，张开五指，手心向下，将球杆放在拇指、食指中间，带近虎口，缩回在杆上的食指，拇指贴近中指与食指做成圆圈，让球杆在中间滑动。其他三指伸直尽量散开支在台上，这是最常用的方法。岸架是公击球或目标球贴着台岸，不可能利用基本台架击球，方法是把拇指缩在食指下将拇指和其他三指支在台岸上。分开食指成一条沟槽，即食指压在杆上，球杆在台岸上靠着拇、中指滑动以控制球杆的击球角度。

在打球的过程中，如果公击球的位置正好在一个或几个球的前面，而且离得很近,不抬高球杆就打不到球,又不能碰任何球,方法是把手放在阻碍球之后,四指竖直支在台子上,拇指向上翘起与食指基部形成V形槽,抬起杆柄,超过障碍球,使球杆沿着V形槽滑动击球。远距离可使用杆架击球,但须防止杆架碰球或杆跳出槽外而犯规。

击球的基本方法

击球既要掌握变幻莫测的球势,又要深刻了解力点和角度的原理,是一项十分高深的技巧,世界著名球星有一杆扫尽球台的高超技术。下面介绍一些击球的基本知识。

击球的动作包括抽杆和送杆,一般台架距公击球约8英寸,向后抽杆不要超过4~6英寸,送杆应把球杆向前推约12英寸,当抬高球杆或几个球挤在一起时,则是例外。击球的关键是轻巧和充分送杆。击球前应有节奏地试杆2~3次。使手臂和手腕放松,集中注意力。击球的目的是把尽可能多的球进袋,不仅要把目标球送进袋,而且还要把公击球送到最佳位置,为连续击球创造最好条件。

追球:是公击球撞了目标之后,仍朝目标球运动的方向前进,方法是杆头对准中心点上一个杆头宽的位置,使公击球上旋前进,打追球不能压低杆柄,而是把台架支高些,以便平击公击球。

中杆球:击球点是球的正中心,要求杆头对准中心,杆要摆平,充分送杆,平稳击出。

缩球:是要求击球碰到目标球之后向后滚动,与打追球相反,要使公击球下旋,就是用杆平击球的下部低于一个杆头宽的位置,不能抬高杆柄,而是降低台架,保持球杆的水平度。也可用高架或岸架打缩球,要视具体球势而定。

顿球:是让公击球撞到目标球送球进袋后,停在目标球原来的位置,击顿球用中杆球的打法,关键在力度的大小。

侧旋球:杆头撞击公击球中心点的右侧或左侧,公击球会按逆时针或顺时针方向旋转。侧旋球是一种变化较大的旋转球,侧旋球将改变公击球到目标球之间的路线,改变公击球碰岸之后的反作用,还会影响目标球被击之后的方向。右旋球前进曲线向右,左旋球曲线向左,线路的曲度与距离的长短有关,即距离越长,弯曲度越大,打侧旋球应考虑到公击球的曲线。

击球进袋

击球进袋是所有落袋台球的最终目的。通过公击球或主球送目标球进袋以取得连续得分，公击球如何按照理想的角度前进，或通过碰岸击到目标球预期的一点使目标球进袋，这就取决于准确的判断，首先要从目标球到袋口延伸出一条想象线，再从这条想象线推测出公击球对目标球的击球点，这个点是不变的，然后再考虑到公击球撞击目标球后本身应到达的最佳位置，为下一杆创造更好的条件，要达到这个目的，就要强调正确的击球姿式和确定正确击点。身体站好，支好台架，对准击点，再把目光从公击球移到目标球，在试杆中适当调整球杆的位性，目送目标球进袋。球台上的球势是复杂的，打好每一杆要有深厚的功力和高超的技术，因此培养正确的姿势，练好各种打法，使出杆的力度和角度恰到好处，这就需要花些时间单独打，或把球排成各种形式用各种方式独自打，再通过实战取得不断的进步。

打台球自有打台球的讲究，比如着装，但只是在正式比赛中，才要求选手必须穿西装马甲、白色衬衣和黑色西装长裤。而比赛之外，哪怕是最高级的台球厅，也是悉听尊便，无一定之规。

与其他休闲性体育项目不同的是，台球特别讲究台边氛围。比如打斯诺克宜静，于静室之中边轻松谈天，边不紧不慢地打台球，其情趣意境是极悠然的。而打美式台球，则宜热闹，于各显身手之际，嬉笑言谈，不拘一格，大有气舒情畅，宠辱皆忘的妙趣。

乒乓球

乒乓球活动在我国比较普及，这主要是由于乒乓球设备比较简单，场地不大，室内室外都可进行，技术高低都能玩等原因。乒乓球运动量还可小可大，男女老少，体质强弱者皆能参加。

在休闲生活中玩一玩乒乓球是相当开心的事，两个人既可以打和平球，边谈边打，又可以进行对抗赛，一比高下。也就是说，乒乓球玩起来很自由，又能适应需要调节运动量，调剂精神，达到既锻炼又休闲的目的。

乒乓球运动19世纪末叶始于欧洲，最初的时候是上层社会的一种家庭娱乐活动。那时的乒乓球设备、规则、技术都还没有定型。由乒乓球的起源情况可以看出，这项体育活动对于休闲生活来说是极为适宜的，因为这种活动本身就起源于休闲需要。1900年左右，球改进为赛璐珞的空心球，后来又出现了带有颗粒的胶皮球拍。这样就使乒乓球越来越受到人们的普遍欢迎和接受。1926年，第一次世界乒乓球赛在英国伦敦举行，从此引起了各国体坛的普遍重视，这样，各国的乒乓球运动也就前后开展起来。我国的乒乓球运动是从20世纪初开始的，1923年成立了全国乒乓球联合会。1925年在上海举行了第一届全国乒乓球比赛。但是，普遍性的乒乓球活动，是新中国成立后才开始兴起来的。

休闲生活中打乒乓球，可在边玩中边学习一些有关的乒乓球技巧和常识。

乒乓球按比赛规则规定，每局的比赛以先得21分者为胜方。如打到20平后，则以先多得两分者为胜方。一场比赛，一般采用三局两胜制或五局三胜制。

握拍与基本步法

握拍法：目前常见的握拍法有两种，一是直握拍；二是横握拍。直拍攻球以食指第二指关节和拇指第一指关节扣拍前，三指自然弯屈贴于拍后的1/3上端。直拍削球的握法一般大拇指弯屈，紧贴拍柄的左侧，用力下压，其他四指自然分开托往拍的后面。正手削球时，尽量使球拍后仰，减少来球的冲力；反手削球时，拍后四个手指灵活地把球拍转动兜起，使拍柄向下。横拍一般的握法是虎口贴着拍肩，拇指在拍的正面，食指在拍的反面，其余三指贴着拍柄，很像握手一样。正手攻球时，食指向上移动；反手攻球时，拇指向上移动。

打乒乓球时为了便于做出各种击球动作，要随时保持良好的准备姿势。要求两脚开立比肩稍宽，两膝微屈，前脚掌着地。上体略前倾，胸腹稍后收，两眼注视来球。持拍手臂自然弯屈，肘略外张，手腕放松，右手持拍置于腹部右前方。有了良好正确的准备姿势，才便于迅速起动，选择合理击球位置，恰当应付各种复杂局面。

基本步法：常用的步法有单步、换步、跳步和侧身步。步法好坏直接影响击球准确性。单步：以一脚的脚掌为轴，另一脚向前后或左右移动。这种步法多在来球距离较近时使用。换步：击球时，靠近来球方向的脚向来球方向跨出一步，另一脚跟着移动一步。一般距来球较远时，常用此步法。跳步：击球时（以向右移动为例），左脚用力蹬地，使双脚离地，然后左脚先落地；右脚迅速向右跨一步。侧身步：分为大侧身步和小侧身步。一般来说球在身体的右侧角度不大，可使用小侧身步。击球时，以左脚为轴，右脚向右后方移动一步，微收腹，以便腾出空隙来击球。大侧身步：击球时，左脚先向左方跨出一步。接着右脚向左后方移动。一般来球角度较大常采用这种步法。

发球与接发球

发球与接发球是乒乓球的重要基本技术。发球在比赛中是争取主动和得分的重要手段。比赛时每一方连发5个球后，就换发球。打到20平时，每得一分就换发球，直到结束。

发球：发球有正手和反手两种形式。正手平击发球，两脚前后开立，左脚在前，右手持拍置于身体右侧。左手向上抛球，同右臂稍向后引拍，在球略低于网时，持拍手从身体右后方向前挥动。拍形稍前倾，击球的中上部。击球后重心移至前脚。反手平击发球，两脚前后开立，右脚在前，左手托球置于腹部左前方，右手持拍置于身体左侧。左手抛球后，持拍手由身体左侧向前摆动，拍形稍前倾，击球的中上部。击球后右前臂和手腕继续前摆，身体重心移至前脚。正、反手发急球，准备姿势与正手平击发球相似。只是在球拍触球的一刹那，拍形前倾，右前臂加速挥拍，同右手腕向前快速转动，击球的中上部。击球点稍低于球网。击球后的第一落点应在本方台面的端线附近。正手发左侧上（下）旋球，抛球时，右手持拍向右上方引拍，手腕略向外展；球回落时，手臂迅速向左下方挥动，食指压拍，拍面略向左偏斜，前臂和手腕用力向左挥动，使拍从球的正中部向左侧上摩擦。发左侧下旋球时，拍形稍后仰。从球的中下部向左侧下摩擦。反手发右侧上（下）旋球，右手持拍位于身前。左手持球位于身体左侧。发球时，拍与球接触的一刹那间，前臂带动手腕，用力向右下方挥动，同时前臂略向内旋，拇指压拍，使拍面逐渐向左倾斜，从球的正中部向上方摩擦。发右侧下旋球时，在触球的一刹那，拍面略微后仰，拍从球的中下部向右侧下摩擦。

接发球：接发球时，必须反应快，判断果断，注意对方球拍与球接触一刹那的情况。一般来说，拍触球时的速度快，发出来的球力量和旋转力就强；拍触球的速度慢，发出的球力就小。球拍触球时，如拍面向侧倾斜，一般是斜线球；拍面向前，一般是直线球。对方发球时摆臂动作的幅度大，来球的落点较长；摆臂幅度小，来球落点就短。向对方球拍开始运动的方向回击，是接发球最基本的方法。接发球常使用推、搓、削、拉、攻等几种技术。但从战术的观点来说，用拉、攻的方法比较主动。因为拉和攻常能破坏和打乱对方发球抢攻的计划，甚至还可直接得分。

平挡球：它是初学者入门的技术。动作要领是（以右手为例）：两脚平行或左脚稍前，身体离台约50厘米。击球前，前臂与台面平行伸向来球。拍触球时，前臂和手腕稍向前移动，主要借助来球的反弹力将球挡回。在上升期，击球的中部，拍形与台面接近垂直。击球后，迅速收回球拍，还原成击球前的准备姿势。

推挡球：是左推右攻打法的主要基本技术之一。它动作小、球速快，既是防守技术，也是进攻的辅助技术。常用的推挡球有快推、加力推和推下旋等。

攻球：攻球具有速度快、力量大的特点，是乒乓球比赛中争取主动和获得胜利的重要技术。攻球按站位的远近，可分为近台、中台和远台攻球；按不同的击球点，击球时又可分为抽、拉、扣和杀高球等攻球技术。

削球：削球一般分为近削、远削和削追身球等，这里仅介绍正、反手远削动作的基本要领。正手远削：身体离台一米以外，两脚前后稍开立，左脚在前，两膝弯屈，上体稍向右转，持拍手自然弯屈，将拍引至右肩侧。击球时，手臂向左下方削落，在下降期击球中下部，拍形稍后仰。触球一刹那间前臂加速削击，同时手腕向下辅助用力。击球后，上体向左转，球拍随势前送，重心移至左脚。反手远削：身体离台一米以外，两脚前后稍开立，右脚稍前，身体左转，手臂弯屈，球拍向左上方引至与肩同高，拍柄向下，重心放在左脚上。击球时，手臂向下方挥动，前臂与手腕加速用力削击来球，在下降期，击球中下部，拍形稍后仰。击球后，上体向右转动，球拍随势挥至身体右侧，重心移至右脚。

保龄球

保龄球运动在我国还不十分普及，但是人们对保龄球却并不陌生。它是一种较智力，比体力（球有不同的重量）的高雅体育活动。在我国一些大中城市现在都有现代化保龄球游乐场所，花上二三十元钱就可以玩一局，每局可以打20个球，又不限人数。所以，几个朋友凑一起，花上几十元钱，去潇洒一回，既开了眼界，长了见识，又学会了一种现代化的休闲方式。如果碰巧成绩出色，还会得到一份小小的奖品，格外使你舒心如意地休闲一把。

保龄球已成为世界性的一项普及的娱乐活动，玩保龄球的人已超过棒球、足球、高尔夫球和网球。在美国就有5000多万人打保龄球，仅次于钓鱼，是第四大娱乐活动。在世界上，1951年就成立了"国际保龄球联合会"，第一次正式国际比赛是1954年在赫尔辛基举行的，1978年在泰国举行的第八届亚洲运动会上，保龄球成为新的比赛项目，1979年，国际奥林匹克委员会正式宣布承认保龄球为奥运会新的运动项目。1986年保龄球被列为第十届亚运会的正式比赛项目。

保龄球属非激烈性活动，男女老幼都可玩。在日本有句口号，叫做"从八岁到八十岁"，正好说明这一点。保龄球主要是毅力和智力的较量，是技巧型运动，它不仅可以锻炼身体，消除疲劳，恢复精力，增加智力，而且在打完一局的间隙，还可互相交谈，所以它既是体育活动，又是健身娱乐活动，还是交际的好形式。

据说保龄球起源于3～4世纪的德国。最初，天主教徒在教堂走廊里安放木柱，用石头滚地击之。他们认为击倒木柱可以为自己赎罪、消灾；击不中就应该更加虔诚地信仰天主。到14世纪初，才逐渐演变形成为德国民间普遍爱好的体育动动项目。后来，荷兰人和德国人的后裔移居美国，便把保龄球传到了美国。我国在20世纪初就有了保龄球，当时在上海和北京青年会等组织的健身房内，就设有保龄球场。

保龄球主要由球、球道、瓶柱三部分组成。球采用硬胶和塑料混合制成，球上有三个小孔，便于手指插入握球，球重在9～16磅。球道约长19.15米，宽1.15米，一般用枫木做成。瓶柱状如酒瓶，用硬木制成。终端的十根瓶柱摆成三角形作为靶。

投球方法：进球场前要换上专供打保龄球用的球鞋。鞋的大小要适当。其次是挑选球，一般选用身体重量的 1/10 的球，初学者最好从比较轻的球开始，等到肌肉发达及习惯后，再渐次增加重量。球指孔大小与间隔要适合自己的手。第三是投球，首先将右手（或左手）的拇指全部插进球孔，中指和无名指分别插到第二关节最合适，手心托着球到胸前，两手将球拿正，身体摆正姿势，松肩，精神集中，然后起步。步法分三步、四步、五步三种，但四步法为最合适也是最常用的。第一步先从右脚起步，同时将球向前伸出，第二步左脚踏出，球在手上与身体约成90°，第三步右脚向前踏出时，球的位置放到后面，第四步左脚滑出时，同时将球从手里轻力送出。注意投球时最后一步不要超过犯规线，否则会被扣分的。要想打出好分数，投球时一定要精力集中，全神贯注，要抱着一只瓶也不要放弃的信念，要保持正确的姿势，拿球时，肩膀要平，向着球道上的箭指，起步时要保持手与脚的协调配合，眼睛要看准球道上的箭指，以决定球送出后的路线，提高命中率。

计分方法：娱乐或比赛时，每人连续滚完两个球为一轮，十轮为一局。击倒瓶柱一根得一分，击倒10根得10分。一局完了以得分多少决定胜负。投球者每轮第一个球即击倒10根瓶柱，叫"一击全倒"，得10分，并加后两个球的分数，该轮得分为10分加后来两球得分和总数和。如果滚两个球才击倒10根瓶柱，叫"二全倒"，也得10分，加后一个球的分数，该轮得分为10分加后来一个球得分的总和。如果每球均得10分则达到一局的最高分——300分。

这里介绍一种土保龄的玩法，大家在休闲生活中不妨一试。

准备空可乐罐10只，垒球或网球一个，每只空罐贴上不同的动物图案，并分别标上 1~10 个分数。

在场地上画出宽1米、长7米的走道，将10只空罐分散放在走道的一端，游戏者站在另一端将球滚出。每人可滚3次，所击倒的空罐上的分数即为得分，3次得分相加。另外，滚球前游戏者可指明击哪个空罐，若击中这个空罐而其他空罐不倒者，按击倒所有的空罐计，即得55分。

这个游戏还可以这样进行，滚出的球若不碰到任何空罐，到达另一端者得 10 分，碰倒 1 个空罐得 9 分，碰倒 2 个得 8 分……依此类推，还可以用操纵遥控玩具车来代替滚球。保龄球是一项娱乐性很强又不失文雅的室内体育运动，玩保龄球在某种意义上说标志着人们的休闲活动正趋于国际化。当然，一时受某些条件的限制，先玩玩土的也未尝不可，但很快就会"洋"起来的。

网球

网球运动是一项较为普及的球类运动，也是较受人们欢迎的一种很好的休闲方式。这项运动既可以作为一项运动量较大的运动，也可以作为一项较为舒缓的室外运动。这就要看是一种什么方式的打法了。

网球场地长是 23.77 米，宽是 8.23 米，中间用球网把全场隔成两个相等的方格区域。每个半场各画成两个相等的发球区。

网球的打法与乒乓球相类似，双方像打乒乓球那样把球击来击去。落网或出场就算失误。不同的是，网球可以落地后打，也可以不等落地就拦击或高压。每胜一个球就得一分。

网球比赛的发球与羽毛球相近。不同的是：羽毛球的发球一方只有一次发球机会，失误后就失去了发球权，但不失分。网球的发球一方有两次发球机会，一次失误后可再发一次，但如两次都失误就要失一分。因此，打网球时，发球人往往是第一次求狠，第二次求稳。网球目前在我国不够普及，可能是由于受场地限制的缘故。但是学会打网球并不难，从上面的叙述中可以看出，只要会打乒乓球或是羽毛球，再学习打网球是极为容易的。网球还可以由双方的需要而控制运动量，只要能尽兴，文打武打都是可以的。作为一种休闲方式，网球可以说是既有趣味又能活动周身。运动量可大可小，能按照需要进行控制。但是由于我国目前一般中小城市没有网球场地，在马路上打又不方便，因此这种休闲方式的爱好者还不多。其实可以变通一下，一是并不一定非要有比赛时规定的大场地，只要能尽兴就可以在有限场地中进行。再就是可以几个人约好，到郊外去，找一个比较平坦的地方玩，也能够过上网球瘾。

网球起源于 14 世纪的法国宫廷。当时没有球网，也没有球拍，是两个打球的人隔着一条绳子，用手把一个里面裹着头发的布球互相打来打去（可能与我国孩子们玩的扔口袋游戏差不多）。16世纪时有了球拍，最初的球拍是用羊皮纸做的，既笨重又不美观，但由于有了球拍，使网球运动大大前进了一步。到了17世纪，网球运动传到英国，场地、球网、球拍和球才渐渐趋于正规化。

网球的发展史倒是能给人一点启示，那就是，在休闲生活中玩网球，大可不必那么正规。这不仅可以尝到打网球的滋味，而且还可以尝到一种网球的老祖宗的打法，自得其乐，也是很有趣的。

橄榄球

人们经常可以在电视屏幕上看见橄榄球比赛：双方队员时而抱球奔跑，时而扭作一团。令人眼花缭乱，给人一种新奇感和兴趣的冲动。

橄榄球流行于美国、英国、意大利、加拿大、日本、新西兰、澳大利亚等国家。

橄榄球主要有英式橄榄球和美式橄榄球两种。

英国人称橄榄球为Rugby，音译为"拉格比"。起因是英格兰的拉格比有一所著名的公立中学——拉格比学校。1823年，在该校运动场进行了英格兰的第一场橄榄球比赛。这里便成了英式橄榄球的发源地。

美式橄榄球则称Football，即足球之意，或美式足球。由于美式橄榄球最初只许用脚踢。橄榄球运动由英国传入美国大约是19世纪中叶。美国东部经常举行一种类似足球的比赛，参加者只要把球踢进对方得分线即可得分。参赛队员多达30人，有时会更多。美式橄榄球运动竞争激烈，动作粗野，不得不穿戴上一些防护用具，以避免双方队员受到伤害。

在休闲生活中（尤其是一些青年人）玩橄榄球，一方面可以满足好奇心，圆了橄榄球之梦，另一方面也确实能锻炼人顽强作风和勇敢精神。而且，橄榄球运动量大，也确实能使人体魄得到应有的锻炼。

橄榄球呈椭圆形，长约11英寸，高约7英寸，重约400克。每个球队不得超过40名队员，比赛时一般由11名队员出场。比赛时间为60分钟，分为4节，上下半场各2节。2节之间休息2分钟，半场之间休息15分钟。比赛进行60分钟后，如果双方打成平局，可延长15分钟决定胜负。在延长时间内，以先得分的一方为胜方，比赛随之结束，而不需打满 15 分钟。

比赛中，一方队员把球射过对方球门横柱上方，可得 3 分；一方队员持球冲过对方球门线，并使球触到地面，可得 6 分；得分后，进攻一方队员还有一次射门机会，如将球从球门上方踢过去，又可得 1 分。此外，一方在禁区内犯规，另一方可得 2 分。

目前，各国橄榄球比赛规则略有不同，球场大小不一，参加比赛的人数也有差别。以美国为例，一般在草坪球场比赛，球场长 360 英尺，宽 160 英尺，球门设立在球场两端的底线中央，有一根 10 英尺高的立柱，上面架一根 18.6 英尺长的横柱，并在横柱两端各竖一根 20 英尺的立柱，组成"Y"形球门。离球门 30 英尺处画一线，为球门线，此线与球门间为禁区。

进行比赛时，队员可用脚踢球，可用手投球，也可持球奔跑。如持球传递，只允许往后或往旁边传。规则准许抱对方队员的上身或腿部，准许从对方手中抢球，但不持球队员被打被踢则判对方犯规。由于比赛规则允许侵人，赛时双方队员时而横冲直撞，时而扭作一团，气氛紧张激烈，惊心动魄。因此，尽管队员均有头盔、面罩、护胸、护膝等保护装备，也经常发生伤亡事故。

在休闲时间尝试橄榄球运动，要尽量注意安全，否则会出现一些意想不到的伤害事故。双方可根据实际情况，规定一些具体的防护规则，这样可以既保证玩起来愉快，又能避免一些不必要的事故发生，真正起到休闲的作用。

健身器械

目前，已有越来越多的健身器械进入家庭，如果按照高中低档来划分，其种类和功能如下。

高档：综合训练器、带电脑控制显示的健身车、多功能跑步机等，其特点是能将多种性能融于一体。既使人们得到多方面的健身锻炼，又不产生副作用，也不受特殊季节和环境的限制。

中档：跑步机、登山器、划船器、健身车等，其特点是结构复杂，占地面积大。一般来说无论就价格和环境来说，可以为家庭所接受。

低档：哑铃、拉力器、跳绳等。其特点是性能单一，价格便宜，不占空间，是为广大群众都能接受的健身器械。

总的来说，在休闲生活中所使用的健身器械应当按照经济实用、简便易行、体积小、功能多的原则来购置，同时也要考虑自己的突出健身目的。如果是为了肌肉发达，健美体形，可选择拉力器、臂力杆、蝴蝶机等；如果是为了增强体质、减肥防病、延年益寿，则可选择健身车、跑步机、划船器、一体机，或是多功能健身器等。至于是购买还是到一些具有这些设备的健身房等场所去锻炼，就要根据各人的具体情况来定了。

由于目前对健身器械的使用还不够普遍，下面对一些常用的器械作用简单介绍。

跑步机：其原理是利用皮带传动原理，人站在跑步机上进入运动状态后，可以像在平地上一样做跑步运动。这种足不出户的跑步、散步器械，使人不受季节气候等限制，每天进行跑步、散步活动。有加强下肢力量、增强心肺功能、促进血液循环等多种功能。同健身车一样，跑步机也有高低档次之分。较高级的跑步机不仅可以控制负荷，还可显示跑步距离、生理指标。有的电脑显示系统还能显示不同的自然环境及路况，能使锻炼者有置身于大自然中之感，极大地提高了锻炼乐趣。

小型综合练习器：其功能是可做卧推、深蹲、臂屈伸、仰卧起坐、引体、蹬伸等多种练习，是一种多功能的健身器械，能发展全身各部位肌肉力量。有的还配有电脑显示系统，生理指标可以随时得以显示，有利于科学合理地锻炼。

参考书目

1. 张爱国、谢英彪编著：《社区户外健身器械科学使用》，人民军医出版社2008年版。

2. 仇秉兴、许娟华编著：《家庭宠物养赏全书》，百花文艺出版社2010年版。

3. 《万象文画》编写组编著：《家庭收藏一本通》，内蒙古人民出版社2010年版。

4. 盖子龙编著：《围棋入门》，天津科学技术出版社2009年版。